危機発生時！学校からの説明は？ しっかり伝わるメッセージ文例70

木間東平 編

教育開発研究所

本書の作成趣旨、構成について

学校は常にあらゆる危機に直面しています。予測できる危機と突然襲ってくる危機があります。どのような場合でも、私たち管理職は正しい知識を基に、冷静に判断し適切な処理をしなければなりません。そして、保護者・地域に説明責任を果たしていく必要があります。

本書は、『危機発生時！学校からの説明は？　しっかり伝わるメッセージ文例70』と題して、自然災害や感染症の発生、不審者侵入・遭遇、教職員の不祥事など、学校が危機に臨んで保護者・地域に連絡したり、説明したりする場合、学校事故やいじめなどの緊急時に保護者に事の詳細を説明し理解を得る必要がある場合など、さまざまな場面を想定して、学校の責任者である校長として、学校からどのように説明を行い、学校の説明責任を果たしていくかについて、具体的な設問ごとに、初期対応のメッセージ（メール）・事後の詳細説明（プリント）の実例を示し、その時押さえるポイントや留意点などについて、わかりやすく解説しています。

近年、日本各地で発生する大地震、集中豪雨、熱中症や新型コロナウィルス等の感染症が日本中を緊急事態に巻き込み、学校においてもさまざまな問題が連鎖的に生じてきています。さらに、日常的な怪我や病気、いじめ、不登校、SNS等のトラブル、教員の不祥事など、学校は常に何らかの危機にさらされています。こうした危機・緊急時には、学校が保護者・地域に、これからの方針を詳細に説明し、家庭・地域の協力を得ていくことが必要になってきます。そのようなとき、初めての事態に直面して、校長として、学校がどのように家庭・地域に迅速に説明して、説明責任を果たしていくかが、喫緊の課題になっています。

また、昨年5月に新型コロナウィルス感染症が5類扱いとなり、学校はさまざまな行事を再開するなか、今後の教育活動の進め方を保護者・地域に理解してもらうための説明が求められています。

今日のような事態のなかで、学校の迅速なメッセージや説明は、「社会に開かれた教育課程」を推進するためにも、ますます要領を得たわかりやすいものが要請されていると思います。

本書は、「総論　学校から発信される通知とその留意点」と「1章　緊急時のメッセージ・説明文例と留意点」「2章　教育活動に関するメッセージ・説明文例と留意点」「3章　電話・対面での応答例と留意点」の3章から構成されています。1章においては、自然災害、感染症、不審者、教員の不祥事、爆破予告、Jアラートなど現在の学校で起こりうる緊急時に、学校としてどのように対応し、迅速にどのようなメッセージを発出していくか実例（30例）を掲げ、そのポイントを解説しています。2章においては、新型コロナウィルス感染症が5類扱いになったことを受けての学校行事や教育活動の進め方を中心に、学校の日常活動で求められる説明例（25例）とポイントを、3章では、突然の保護者・地域からのさまざまなクレームでの応答例（15例）とポイントを掲載しています。3章を通して、具体的な設問が掲げられており、学校が今直面することが多いと思われる場面を掲載しました。

全体で、学校の危機発生時に求められるメッセージ・説明を70事例、70の設問に答える形で、学校の危機発生時において発せられるべき初期対応のメッセージと事後の詳細説明の実例を具体的に示し、学校の説明責任をいかに果たすかを、それぞれの場面に即して示しています。

読書の皆様におかれましては、各学校で必要性の高い項目から順にお読みいただき、それぞれのメッセージ・説明を場面ごとにお役立ていただければ幸いです。

本書が、学校の危機・緊急時のメッセージ・説明の台本として機能し、学校の日常の教育活動のスムースな運営に寄与することができればと願っています。

2024年1月　編者　**木間　東平**

危機発生時！学校からの説明は？
しっかり伝わるメッセージ文例70

1章　緊急時のメッセージ・説明文例と留意点

2章　教育活動に関する メッセージ・説明文例と留意点

3章　電話・対面での応答例と留意点

学校から発信される通知とその留意点

全国学校安全教育研究会顧問／東京都葛飾区立柴又小学校長　木間　東平

学校は、公教育を行う機関として、その経営に対する責任は重く、開かれた学校づくりという観点から、教育内容を保護者や地域と共有し、互いに理解を図りながら教育活動を推進する義務があります。

また、学校生活には、正常な教育活動を阻害するさまざまな事態（危機）が起こりうる可能性があり、学校は常に危機を未然に防ぐとともに、危機が発生した場合の適切な対応を心がけなければなりません。そのためには、学校からの十分な説明責任が求められます。

情報を求めている者に、正しい情報が伝わらなかったり、情報提供が迅速に行われなかったり、情報を隠蔽・改ざんしたりすると、不信感が募り、信頼を大きく損なってしまいます。とくに、事件・事故についての説明責任を果たそうとする際には、迅速、ていねい、誠意ある対応が求められます。このような点を十分に認識して初期対応のメッセージを発出したり、事後の詳細通知を配布したりすることが大切です。

以下、学校からのメッセージ・通知の発信における、配慮すべき点について説明します。

校長の立場～学校からの通知の最終責任者は校長～

学校が情報発信をする際、その通知の作成者が校長以外の管理職、分掌主任等であっても、最終的には校長が全責任を負わなければならないことは当然です。

そこで、緊急時、学校の危機的事案に対してはとくに、校長として「判断を人任せにしない」「瞬時に判断し、迅速に対応する」「最悪の事態を常に想定して最善を尽くす」等が求められます。判断を人任せにすれば校長の管理者としての責任、リーダシップが問われ、教職員のみならず保護者、地域からの信頼を揺るがしかねません。また、判断を誤り対応が遅れたり、最悪の事態を想定した対応を怠れば、事態をより深刻にし、解決までの道のりが遠のいたり対応が後手に回ってしまいます。

校長は、緊急時や学校危機の局面では、自ら今までの経験を生かして、瞬時に判断し、迅速に的確なメッセージを発信することが求められています。

メッセージ・通知の作成に当たって

⑴ 通知を作成する者の明確化

学校から発信されるメッセージ・通知の最終責任者は、当然校長です。ただ、すべての通知を校長が作成することはありません。事件や事故の対応等、重大性、緊急性を要するものについては、校長自らか副校長、教頭といった管理職が行うべきです。しかし、学校の日常にかかわる事項等については、主幹教諭や分掌主任等に任せることも大切です。教職員は任され、責任を持って対応することにより、さまざまな課題について認識を深め、対応力を身に付けられるからです。そして、その対応力が、緊急時に組織力となって役立っていくのです。

⑵ 説明事項・配慮事項の確認、事実のみ平易な言葉での説明

主幹教諭や分掌主任は、学年、分掌の他の教職員ともよく協議して事実関係や記載事項を確認し、メッセージや説明の内容を文書化します。その際、事実のみに触れるようにし、思い込み、憶測、感想などは排除します。また、専門用語は避け、保護者目線に立ってわかりやすい表現を心がけます。完成したものは文書起案をし、最終的に校長の決裁を受けて発信していきます。

⑶ 可能な限り、先を見通した具体策の提示、後追いの情報提供

通知を発信する際、事実を伝えるだけでなく、学校としての考え方、具体的対応について必ず知らせます。また、緊急時や事件、事故の場合は、必須の伝達事項や事実を伝える説明だけにとどめたメッセージを迅速にメールで発信し、事実確認や正確な情報が集まった後に、通知として事後説明をしたり、その対応策等を改めて伝えたりするなど、ていね

いに誠実に説明責任を果たすことが大切です。

⑷　発信前に学校全体で共通理解

学校は組織体であり、教職員が学校経営に基づいて一体となって教育活動を行っていることを踏まえ、学校から発信される通知、情報については、すべての教職員が内容を十分に理解し、誰でも同じような説明ができるようにしておく必要があります。そのことによって、教職員全員に当事者意識も生まれます。緊急時や危機的局面においてはなおさらです。さらに、保護者、地域の方が学校の誰に聞いてもわかっている、答えてくれることで、学校への信頼はさらに高まっていきます。

⑸　個人情報の扱い、情報拡散への配慮

児童・生徒の名前、写真、作文、作品等を掲載するときには、必ず事前に本人や保護者の了解を得ます。年度初めに、保護者に対してアンケートを実施し、どこまで掲載が可能か確認することも大切です。ただ、いずれにしても個人情報の扱いには細心の注意を払い、使用は必要最小限に抑えることが重要です。

また、SNS等によって、学校からの情報が児童・生徒や保護者などによりインターネット等に拡散することがあります。SNS等で不用意に情報を発信しないよう児童・生徒や保護者に対して日頃から個人情報の保護、情報拡散等について注意喚起をすることが大切です。また、発信した文書に、常に注意喚起の一文を入れることも必要です。

メッセージ・通知の発出方法について

⑴　メールや通知での対応

学校から発信される情報は、ほとんどがメールか通知によるものです。メールにしろ通知にしろ、対象者に確実に届き、正確に読み取ってもらえれば、伝えたい内容は正確に伝えることができます。

そのため気をつけなければいけないことは、文章が長すぎたり、情報量が多すぎたり、伝えたい内容が不明確だったりすることで、正確に読み取ってもらえなかったり、伝えたい内容が正しく伝わらないことです。メールでは、端的に伝えたいことを最初に書き、補足を短めに添えて配

信することを心がけ、その後に詳しい通知を出していくことです。また、通知文などが確実に保護者等の手元に届いているかを確認する必要もあります。同じ文書を改めてメールに添付して発信したり、ホームページにアップしたり、二重三重にも確認できる機会をつくり、周知の徹底を図ることが必要です。また、最近では日本語の理解が十分でない保護者や地域住民も少なからずいますので、その方への配慮も必要です。

⑵ 対面での対応の時の通知

事件や事故の説明においては、対面で行うほうが効果的です。事実を直接に伝えることができ、何よりも誠意が伝わるからです。開催の時期については、可能な限り早く設定することが大切ですが、正確で保護者も納得する情報収集ができてから開催することが求められます。しかし、時間が経てば経つほど誤った情報が拡散したり、学校への不信感が高まったりしますので、校長はその空気感を敏感に見定め、開催時期を決めることが重要です。

開催の周知については、可能な限り速やかに文書やメール、ホームページ等で行います。その際、情報の独り歩きを避けるため、詳細は記載せず、開催の日時、場所、目的だけを記載するようにします。さらに、開催の時刻や場所については、対象者の立場に立った設定にすることが大切です。

*

「学校は安全であり、安心して児童・生徒を送り出せる場である」ということが、保護者や地域が抱く学校像です。そのためには、学校がさまざまな危機を未然に防ぎ、危機が発生した場合の適切な対応と正確な情報発信ができる学校であることが大切です。

そして、保護者、地域に学校の様子が伝わり、「この学校は信頼できる」という言葉が聞こえる、信頼される学校をつくりあげていくことが今強く求められています。

1章

緊急時の
メッセージ・
説明文例と留意点

事前の通知

東京都葛飾区立花の木小学校長　伊藤　進

➤ こんな時にはどんな説明・メッセージ？

年度初め、学校から保護者に、天候や地震等、不測の事態における登下校の方法や休校対応についての事前のお知らせは、どのようなものを発信すればよいでしょうか。

説明・メッセージ文例

年度初め、台風などの気象災害や地震など、不測の事態における登下校の方法や休校などの対応についての事前のお知らせは、以下のような文書を発信する必要があります。

不測の事態はいつ起こるかわかりませんので、可能な限り、年度の早い時期に発信する必要があります。

通常は区市町村ごとに一定のきまりがあり、決められた文書がありますので、その文書を学校ごとに手直しをして発信することになると思います。

●台風等の荒れた天気による気象警報発令時の対応

台風等の荒れた天気による気象警報が発表された際の○○市立小学校の対応について、お知らせします。下記の基準をもとに、児童の安全確保をしてまいりますので、ご理解とご協力をお願いいたします。なお、実際、荒れた天気が予測される場合の時間や規模、地域の状況等によって対応が異なることから、下記の基準を踏まえて、各家庭の判断により、児童の安全を最優先して行動してください。

○午前○時の時点で○○市内に「暴風特別警報」または「大雨特別警報」が発表されている場合…臨時休業（欠席扱いとしない）

○午前○時の時点で○○市内に、「暴風警報」と「大雨警報」または「洪水警報」が発表されている場合…臨時休業

※午前○時前に警報が解除となった場合、授業は1校時からの開始を予定します。台風の余波が懸念されます。警報が解除されても保護者が危険と判断する場合は、自宅待機させ、学校へ電話やメールで連絡をお願いします。

○午前○時の時点で○○市内に、「暴風警報」または「大雨警報」が発表されており、風雨が強い場合…保護者判断による登校または自宅待機。自宅および学校近隣の状況から、登校に支障がないと判断できる場合は、安全を確認のうえ、登校させるようお願いします。登校する場合は、原則、保護者付き添いをお願いします。

※台風の規模や状況等によって、始業時刻を2時間程度遅らせる場合があります（校長判断）。

※上記状況の対応の場合、欠席・遅刻の扱いにはなりません。

押さえるポイントと留意点

①台風の進路は完全に予測するのはむずかしいので、何時の段階で判断するのかをはっきり明記すること。警報や特別警報が何時の時点で出ていたら休校とするなど、時間と対応をはっきりさせること。

②警報や特別警報が出ていなくても、風雨が強くて危ないと判断したときは、児童の安全を第一に考えること。

③途中から登校する、または途中で下校させる場合などについても簡単に記載しておくと保護者も混乱しないですみます。

④上記の文書例は台風などの天候によるものでしたが、地震の場合は、学校に児童がいるときに大きな地震が起きたときは、保護者のお迎えが原則なので、年度当初の学校便りなどでお知らせしておく必要があります。1年に1回は、地震発生後に保護者が児童を引き取りに来る、引き取り訓練を行っておけば、混乱は少ないと考えられます。引き取りにおいては、「緊急時引き渡しカード」（年度当初に各家庭に配布）を持参することも知らせておきます。

※さまざまな不測の事態に対して、必要なことを簡潔にわかりやすく保護者にお知らせしておくことが大切です。

台風上陸予報に伴う明日の登校

東京都葛飾区立花の木小学校長　伊藤　進

➤ こんな時にはどんな説明・メッセージ？

天気予報によると、明日、台風の上陸が予想されています。児童の明日の登校について、どのような知らせを家庭に発信すればよいでしょうか。

■ 説明・メッセージ文例

年度当初に台風等の災害について対応する文書を保護者に配布するものとは別に、明日台風が接近することが予想される場合は前日までに家庭に通知しておくと混乱が少なくなります。台風が接近すると当日の朝の連絡では遅いことと、学校に問い合わせの電話が多数かかってしまうことも考えられます。現在の天気予報はかなり正確なので、台風接近の場合は前日に下記のような通知を出しておいたほうがよいでしょう。

●台風○号接近における対応について

台風○号の接近に伴い、明日○月○日（○）午前中は、強い風雨が予報されています。学校では、○○市の「自然災害への初期対応に関するガイドライン」に基づき、児童の安全確保のため、下記のように対応いたしますので、ご理解、ご協力をお願い申し上げます。

1　○月○日（○）の対応

〈登校時〉

⑴　午前○時○○分に○○市に暴風警報または特別警報が発令されている場合は、臨時休校とします。

⑵　警報の発令がない場合、平常どおりの授業を予定しています。

⑶　朝の状況によって登校が危険であると保護者が判断された場合（警報発令等）は登校を遅らせるなど、無理のない対応をしてください。

その場合、連絡帳でその旨を申し出いただければ、遅刻の扱いにはしません。なお、時間外の登校に際しては、安全のため保護者の付き添いをお願いいたします。

〈下校時〉

(1)　下校時に暴風警報または特別警報が発令されている場合は、学校待機とします。

(2)　警報の発令が予想されるなど、下校時刻の状況が危険と判断した場合は、終業時刻前に下校させることがあります。

(3)　下校時に暴風警報が発令されて学校待機となった場合で、午後○時以降に暴風警報が解除された場合は、保護者の皆様に引き取りをお願いします。

(4)　暴風警報の発令がなくても、下校時の状況が危険だと判断した場合は、保護者の皆様に引き取りをお願いしたり、児童を学校に待機させたりすることがあります。

※登校時の警報発令等の確認は各ご家庭でお願いいたします。

※下校時の対応で通常と異なる場合は、「緊急メール」で連絡します。

※引き取りの際は「緊急時引き渡しカード」の持参をお願いします。

※この件につきましてのお問い合わせは、本校副校長までお願いします。

○○小学校 TEL ○○－○○○○－○○○○

押さえるポイントと留意点

①台風の進路は予想がむずかしいので、風雨が一番強くなる状況を想定して、台風接近の前日に家庭に通知を出したほうがいいです。

②何時の時点で警報や特別警報が出た場合は休校にする、何時までに警報等が解除された場合は、○時間目から登校するなどの細かい設定を可能な限り書いておきましょう。

③登校時と下校時の両方について、状況によって対応が変わることをお知らせしておきます。

④家庭での判断がむずかしい場合は、児童の安全を最優先することも書いておきます。どんな場合でも児童の安全を最優先に考えてほしいです。災害によって怪我や命を落とすことは絶対に避けたいです。

台風接近に伴う運動会の開催

東京都葛飾区立花の木小学校長　伊藤　進

➤ こんな時にはどんな説明・メッセージ？

台風が接近しているという情報があります。運動会（体育祭）の開催について、どのような知らせを家庭、地域に発信すればよいでしょうか。

■ 説明・メッセージ文例

運動会を明日に予定している状況で台風の接近が予想される場合は、前日までに運動会の中止、延期などについて家庭に通知を出したほうがいいです。

当日何時までに実施か中止かを判断するのか、校庭の状況によっては遅らせて実施することも考えられます。

ただ、台風の場合は風雨が強くなり、運動会の実施には危険を伴うことも考えられるので、安全を最優先にして考えたいです。

●台風○号接近に伴う運動会開催について

明日は運動会を予定していますが、台風○号の接近に伴い、風雨が強まることが予想されます。運動会を中止すること、延期すること、時間を遅らせて実施することなど、状況によって実施方法が変わりますので、下記のような対応をお願いします。

⑴　○月○日（土）午前○時の時点で台風が接近して風雨が強いとき、校庭の状況がよくなくて実施できないとき

・○月○日（土）　運動会中止、学校は休み

・○月○日（日）　運動会実施（弁当持参）

・○月○日（月）　振替休業日

・○月○日（火）　通常授業（給食）

⑵　○月○日（土）午前○時の時点で風雨が強くて運動会を中止して、翌日も雨が降っているか校庭が使用不可能のとき

・○月○日（土）　運動会中止、学校は休み
・○月○日（日）　運動会中止、4時間授業（弁当持参）
・○月○日（月）　振替休業日
・○月○日（火）　運動会実施（給食）

(3)　○月○日（土）午前○時の時点で雨が降っていなくて、校庭を整備すれば運動会が開催できるとき

・○月○日（土）　○時○○分登校　○時○○分から運動会を実施する（弁当持参）
・○月○日（日）　休日
・○月○日（月）　振替休業日
・○月○日（火）　運動会のなかで（土）に実施できなかった競技を行う（給食）

※台風の進路によって状況が変わりますので、当日午前○時の時点で判断して運動会実施について緊急メールで通知します。
※登校するというメールが届いた場合でも風雨が強く、家庭で危険だと判断した場合はご家庭で待機してください。その場合は欠席の扱いにはなりません。児童の安全確保を最優先してください。
※この件でご質問やご意見がございましたら、副校長までご連絡ください。（○○小学校 TEL ○○－○○○○－○○○○）

■押さえるポイントと留意点

①台風の接近に伴って風雨が強くなることが予想される場合は、早めに中止か延期の判断をしたいです。台風が通過した後でも風が強いこともあるので、安全面からも無理しないことです。延期する場合は、いつが休みになり、いつ運動会が実施になるのか、それぞれの日の弁当か給食かについても通知します。
②実施の判断がむずかしい場合は、児童や観戦する保護者や地域の方々の安全を最優先して、中止としてください。校庭がぬかるんでいて実施して、転倒する児童が多発するという状況は避けたいです。

避難場所と今後の学校の対応

東京都足立区立足立小学校長　角田　成隆

➤ こんな時にはどんな説明・メッセージ？

台風により河川が氾濫して、学区域の家屋が大きな被害を受けました。学校は自治体より避難場所の指定を受け、避難場所となっています。今後の学校の対応について、保護者、地域にどのような知らせを発信すればよいでしょうか。

説明・メッセージ文例

保護者対象のメール配信、地域住民対象のホームページ掲載を前提とします。

(1)　現在の状況について

○このたびは台風◯号の接近・通過に伴い、本校の近隣の皆様におかれましても、大きな被害が発生していることに対し、心よりお見舞い申し上げます。

○本日◯時現在、台風◯号は◯◯付近を通過中であり、風雨が激しい状況が当分は続く見込みです。引き続き、ご自身やご家族の安全な居場所確保を第一にお考えください。

○避難所としての学校の現在の状況についてお知らせします。◯時現在、約◯名の方が学校へ避難している状況です。

(2)　今後の学校の対応について

①避難場所を開設している期間、学校は臨時休業の措置を継続します。授業再開の時期については、メール、学校ホームページでお知らせします。

②◯月◯日◯時現在、台風◯号は◯◯付近を通過中であるとのことです。自治体より、◯日◯時に避難場所を閉鎖するとの連絡がありました。翌◯日より、学校を再開できる見通しです。

なお、授業再開日以降の登校の可否については、ご家庭の判断でお願いします。無理をして登校を求めるものではありません。なお、遅刻・欠席をされる場合は、その旨を学校までご連絡ください。

押さえるポイントと留意点

学校は子どもたちが教育を受ける場、学ぶ場であるとともに、地域住民にとっての避難場所としての役割も担っています。本事例では、まずは地域住民の安全・安心、居場所づくりに努めることが求められます。ただし、学校再開に向けて、避難所を運営する自治体や地域住民と協議を続けることは必要です。学校管理者として、避難所の開設・運営方法について理解しておかなければなりません。

本事案における対応のポイントは下記のようになります。

①正しい情報の収集に努める

発生している台風や線状降水帯などの現在の位置や予想される今後の動き、自治体の方針等を正確に把握し、必要に応じて避難者と情報共有することが大切です。

②自治体・教育委員会との連携を図り、学校の方針を決定する

避難所の開設・閉鎖等の判断は自治体、学校再開の判断は教育委員会となります。メール、ファクシミリなど、連絡・通信を確実に行えるようにしておくことが大切です。

③地域住民の不安を軽減する

把握した情報について、いつ、何を、どこまで地域住民に伝えるか。住民の不安を軽減し、避難者の混乱を招かぬよう、組織としての判断・決断が求められます。

④保護者・児童に対して、学校再開への見通しを明らかにする

1人1台端末の実現により、オンライン学習を行うことが可能になりました。学校再開を慌てる必要はありません。

緊急時の連絡体制の確立、連絡方法の周知、配信テストの試行等をふだんから行っておくことが大切です。

下校時のゲリラ豪雨

東京都足立区立足立小学校長　角田　成隆

➤ こんな時にはどんな説明・メッセージ？

児童の下校時刻が迫っています。周辺では雷の音が鳴り、間もなくゲリラ豪雨が迫っているという情報があります。保護者に向けてどのような知らせを発信すればよいでしょうか。

説明・メッセージ文例

保護者対象のメール配信を前提とします。

⑴　現在の状況について

○月○日○時現在の気象情報によると、児童の下校時間帯にゲリラ豪雨となる可能性があります。風雨の状況によっては、児童の安全を第一に考え、下校を一時見合わせて教室で待機することを考えています。

⑵　児童の引き渡しについて

保護者の方のお迎えが可能な児童については、引き渡しによる下校もできるようにします。お迎えが可能な保護者の方は、○時○分以降、児童昇降口から校舎に入り、お子さんの教室までお迎えをお願いします。

⑶　教室待機解除の見通しについて

ゲリラ豪雨がおさまり、通常の下校が可能であると判断した時点で、児童の下校を開始します。その際は、メールにて改めてお知らせします。

⑷　下校開始について

激しい風雨がおさまりました。○時○分より下校を開始します。よろしくお願いします。

押さえるポイントと留意点

ゲリラ豪雨、線状降水帯の発生など、昨今は天気の予想が困難になっています。

雨が激しくなる前にできれば下校させたいという考えも理解できます

が、けっして無理はせず安全・安心を第一に考えることを基本とします。

最悪の状況を想像した判断が求められています。

本事案における対応のポイントは下記のようになります。

①正しい情報の収集に努め、できるだけ早く第一報を発信する

気象情報を確認し、児童の下校について安全・安心が確保できないと判断したら、通常下校を見合わせ、ゲリラ豪雨の危険が解除されるまで学校に待機させるようにします。

低学年児童など、保護者のお迎えが可能であれば学校に来ていただき、児童の引き渡しも可能にしておくとよいでしょう。○時○分以降、教室へのお迎えをお願いするなど、学校の安全計画に基づく対応を取るようにします。

なお、児童の引き渡しを行う際はチェック表やカードを使用するなど、確実な引き渡しを行わなければなりません。

②学校待機となる児童の不安を軽減する

通常と異なる事態に不安を覚え、情緒不安定となる児童が出てくることが予想されます。下校待機、待機解除の見通しを児童に説明するとともに、児童一人ひとりの様子をよく観察し、不安を軽減できるような支援を講じます。

③天気回復後の下校方法を検討する

下校にあたっての安全を確認したうえでの待機解除判断なので、通常下校が可能であると考えます。しかし、時折強い風が吹く、日没が近付いているなど、状況によっては、集団下校を行う、タイミングを合わせて方面別にまとまって下校させるなど、より安全と思われる方法で下校させます。

登校前の集中豪雨

東京都足立区立足立小学校長　角田　成隆

➤ こんな時にはどんな説明・メッセージ？

登校時刻が迫るなか、学校周辺に集中豪雨が発生しました。集中豪雨は、数時間続きそうです。保護者、地域にどのような知らせを発信すればよいでしょうか。

■ 説明・メッセージ文例

保護者対象のメール配信、地域住民対象のホームページ掲載を前提とします。

⑴　登校時の安全確保と遅刻・欠席について

○月○日○時現在の気象情報によると、児童の登校時間帯に集中豪雨となる可能性があります。風雨が激しく、登校時に危険があると判断される場合は、自宅で待機し、安全な状況になってから登校するよう、ご家庭での判断をお願いします。遅刻・欠席をする場合は、学校へのメール連絡をお願いします。

なお、ご家庭の判断により遅刻・欠席をした際も、遅刻・欠席扱いとはいたしません。

⑵　登校時の安全確保について

風雨が弱まり、通常の登校ができる状況になりました。これから登校するお子さんは、安全に気を付けて登校してください。保護者の付き添いが可能なご家庭につきましては、付き添いをお願いいたします。

■ 押さえるポイントと留意点

臨時休業等の判断については、教育委員会としての判断基準が示されている自治体が多いものと思います。各自治体の判断基準に従い、学校としての判断を行い、対応を決定することになります。

学校としての判断を行う際には、保護者および児童の不安を軽減できるようにすることが大切です。欠席の判断をし、1人1台端末を活用したオンライン学習を希望する家庭があることも予想されます。学校としての対応基準を考えておくことが求められます。

本事案への対応のポイントは下記のようになります。

①正しい情報の収集に努め、できるだけ早く情報を発信する

気象情報を確認し、できるだけ早い段階で情報発信できるように努めます。可能であれば、前日の夕方には発信できるようにしたいところです。

自治体・教育委員会として臨時休業等の判断基準が示されている場合、学校のホームページに掲示しておくなどして周知しておけるとよいです。

②登校時の安全確保を第一に考え、不安があれば登校を控えるよう保護者に判断を求める

安全・安心に対する考え方は保護者によって大きく異なります。お子さんの登校に付き添えるか否かも家庭の状況によります。登校または遅刻・欠席の判断は各家庭に任せることを基本にするとよいでしょう。

遅刻または欠席の判断をした際は、必ず学校に連絡を入れるよう依頼することを忘れないでください。登校途中に事故に遭って登校できていない状況があるかもしれません。

気象状況や自然災害による遅刻・欠席については、遅刻・欠席としないことも年度当初の保護者会等で説明し、周知しておけるとよいでしょう。

③遅刻して登校する際、安全に登校できるよう注意喚起を行う

風雨が弱まった際は、遅刻を選択した家庭に対し、登校を呼びかけるメール配信をできるとよいでしょう。その際、保護者の付き添いや安全に気を付けて登校するよう注意喚起を忘れないことが大切です。

大雪予報と明日の登校

東京都葛飾区立花の木小学校長　伊藤　進

➤ こんな時にはどんな説明・メッセージ？

天気予報によると、今夜から大雪が予想されています。児童・生徒の明日の登校について、どのような知らせを家庭に発信すればよいでしょうか。

説明・メッセージ文例

明日の朝に大雪が予想されるとき、とくに登校中の時間帯に大雪が予想されるときは前日までに通知を出すべきです。大雪特別警報（数十年に一度の降雪量となる大雪が予想される場合）、大雪警報（降雪や積雪による住家等の被害や交通障害など、大雪により重大な災害が発生するおそれがあると予想したとき）が出たときには自宅待機や保護者引き取りとなることを事前に伝えたいです。

●大雪予報における対応について

天気予報によると、本日○月○日（○）夜から明日の午前中にかけて、大雪が予報されています。学校では、児童の安全確保のため、下記のように対応いたしますので、ご理解、ご協力をお願い申し上げます。

1　○月○日（○）の対応

〈登校時〉

(1)　午前○時○○分に○○市に大雪警報または大雪特別警報が発令されている場合は、臨時休校とします。

(2)　警報の発令がない場合、平常通りの授業を予定しています。

(3)　朝の降雪の状況によって登校が危険であると保護者が判断された場合は登校を遅らせるなど、無理のない対応をしてください。その場合、連絡帳でその旨を申し出いただければ、遅刻の扱いにはしません。なお、時間外の登校に際しては、安全のため保護者の付き添いをお願いいたします。

〈下校時〉

(1)　下校時に大雪警報または大雪特別警報が発令されている場合は、学校待機とします。

(2)　警報の発令が予想されるなど、下校時刻の状況が危険と判断した場合は、終業時刻前に下校させることがあります。

(3)　学校待機となった場合、または、下校時の状況が危険だと判断した場合は、保護者の皆様に引き取りをお願いすることがあります。その時は、「緊急時引き渡しカード」の持参をお忘れなくお願いいたします。

※登校時の警報発令等の確認は各ご家庭でお願いいたします。

※登下校の際は雪のために地面が滑りやすくなりますので、滑りにくい靴を履いて、転倒しないように十分に注意して歩いてください。

※下校時の対応で、通常と異なる場合は、「緊急メール」で連絡します。

※この件につきましてのお問い合わせは、本校副校長までお願いします。

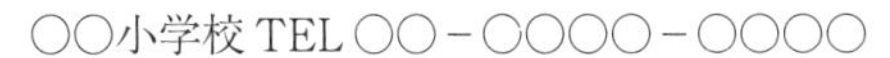
○○小学校 TEL ○○－○○○○－○○○○

■ 押さえるポイントと留意点

①大雪の予報が出そうなときは降雪や風が一番強くなる状況を想定して、前日に家庭に通知を出したほうがいいです。

②何時の時点で大雪警報や大雪特別警報が出た場合は休校にする、何時までに警報等が解除された場合は、○時間目から登校するなどの細かい設定を可能な限り書いておきましょう。

③登校時と下校時の両方について、状況によって対応が変わることをお知らせしておきます。

④雪で滑りやすくなることを伝え、登下校の転倒防止のための対策と、警報等が出ていなくて家庭の判断で登校する場合は、児童の安全を最優先することも書いておきます。どんな場合でも児童の安全を最優先に考えてほしいです。

猛暑と部活動

元埼玉県公立小学校長　大澤　正則

➤ こんな時にはどんな説明・メッセージ？

連日猛暑が続き、熱中症アラートも出ています。学校の部活動について、どのような知らせを保護者に発信すればよいでしょうか。

■ 説明・メッセージ文例

⑴　初期対応のメッセージ（メール・ライン等）

連日の厳しい猛暑が続くなか、熱中症アラートが出される状況下にあって熱中症の防止等、生徒の健康・安全を期すために、学校部活動においても高温・高湿度等の環境下では活動の中止を含め、活動内容を制限する等、具体的な対応を進めていかなければなりません。とくに、屋外や体育館等、空調設備のない場所での活動にはいっそうの注意が必要です。

今後、運動部を含むすべての部活動について、環境省が示す「運動に関する指針」に基づき、当日の活動場所の気温・湿度を計測し、活動の中止、活動場所や活動内容等の変更を検討し、変更が必要と判断した場合には、各ご家庭に連絡する態勢を整えてまいります。なお、具体的対応については改めてお知らせします。

⑵　事後の詳細説明（プリント）

連日、危険ともいえるほどの厳しい猛暑が続いています。熱中症アラートが出される状況下にあって、生徒の健康・安全確保のため、今後の部活動の対応の詳細につきましてご連絡申し上げます。

参考までに、環境省が示す運動に関する指針（「熱中症予防情報サイト」より）では体育授業を含め、スポーツ活動全般における安全基準を指針（参考となる気温）として次のように定めています。

○35℃以上…「運動は原則中止」

○31～35℃…「厳重警戒（激しい運動は中止）」
○28～31℃…「警戒（積極的に休息）」
○24～28℃…「注意（積極的に水分補給）」
○24℃未満…「ほぼ安全（適宜水分補給）」

学校では一般化されたこの指針をもとに、運動部一人ひとりの生徒の健康観察を綿密に行うとともに、活動中は適度の水分補給と休息を適時取り入れた活動計画を立ててまいります。

気温・湿度ともに高く、通常の活動では危険が伴うと判断した場合、空調設備のある教室等を使用してミーティングやストレッチ等、無理のない活動内容を工夫してまいります。また、教室の確保が困難な場合、活動は中止といたします。

なお、運動部以外の部活動についても、当日の活動場所の環境を上記の指針に基づいて考慮し、中止または活動場所や内容変更等の措置を講じることがありますのでご了解ください。

すべての部活動について、生徒の安全確保のため予定変更措置を講じる必要があると判断した場合、学校メールでお知らせしますのでご理解のうえ、ご対応くださるようよろしくお願い申し上げます。

押さえるポイントと留意点

学校における教育活動は、安全であることが大前提です。危機的な猛暑の環境下にあっては運動部はもちろん、すべての部活動において生徒の安全第一を考えた活動計画を立てることが求められます。

ポイントは下記のようになります。

①顧問教員が活動場所の天候・気温・湿度・換気等の環境状態をチェックシートで確認し、指針をもとに使用の可否を校長が判断する。
②活動場所の変更について、使用可能な普通教室を含む空調設備のある教室の利用計画を立てる。当日の活動中止、また授業日以外の活動予定を変更する場合、保護者へのメール連絡を迅速に行う。
③活動場所の環境を踏まえた無理のない活動計画を立て、活動前・中・後の生徒の健康観察を綿密に行い適度に水分補給・休息をする。
④事故発生を想定し、迅速かつ的確な連絡・対応態勢を明示する。

熱中症による死亡事故

前東京都東大和市立第一小学校長　濱脇　哲也

➤ こんな時にはどんな説明・メッセージ？

部活動中、熱中症とみられる死亡事故が発生しました。学校として、保護者、地域にどのような知らせを発信すればよいでしょうか。

■説明・メッセージ文例

(1)　初期対応のメッセージ（メール・ライン等）

本校生徒が○月○日（○）○時頃、○○部活動中、熱中症とみられる原因により死亡するという重大事件が発生いたしました。生徒のかけがえのない命を失うという事件発生により、皆様に多大なるご心配をおかけしましたこと、誠に申し訳ありませんでした。

事故の原因につきましては現在教育委員会、消防、警察署と連絡を取り合い、事実確認および原因の究明を実施し、今後、皆様に報告させていただきます。また、校内の熱中症対策を見直し、職員一同再発防止を徹底してまいります。

(2)　事後の詳細説明（プリント）

○月○日（○）○時頃、○○部活動中、熱中症とみられる原因により本校生徒がかけがえのない命を喪うという、事件が発生しました。

事件発生については、安全確保に対する指導や配慮が十分ではなく、改めてお亡くなりになられた被害生徒の御冥福をお祈り申し上げますとともに、御遺族に深い悲しみと痛みを負わせてしまったことに対し、衷心よりお詫び申し上げます。

御遺族と協議を行い、○月○日（○）この事件に対して第三者委員会を設置し、事件について詳細調査を行い検証報告書が提出されました。学校といたしましては、この検証報告書を重く受け止めるとともに、二度と同じような事件を繰り返すことがないよう、さらなる安心・安全な学校づくりに努めてまいる所存です。
①事故当日の状況（以下、誌面の都合により詳細略）
　発生日時：○月○日（○）○時○分　発生場所：○○○
　生徒の状況と学校の対応：○○○○○○○○○○
②事故後の対応（詳細略）
　学校からの報告（教育委員会、保護者の皆様）：○月○日○時○分
③事故について調査で明らかになった事実（詳細略）
○事故発生時、当該生徒の状況について
○学校の指導体制について
○現場での緊急対処について、病院搬送後の状況について
○その他明らかになった事実
④明確になった課題について（詳細略）
○○○部活動環境に関する課題　○練習計画に関する課題
○○○部運営に関する課題　○緊急対応に関する課題
○学校体制、マニュアル整備、研修に関する課題
⑤再発防止に向けた改善について（詳細略）
○○○部、練習環境・練習計画、練習内容に関する点
○部活動全体に関する点　○学校体制、緊急対応に関する点

■押さえるポイントと留意点

①法律上、学校には「安全配慮義務」があり、児童・生徒を危険から保護し、安全な学校生活が送れるように配慮する義務があります。しかし、熱中症による死亡事故が発生してしまえば、事故発生に関する予見可能性（事故が発生する危険をあらかじめ予見できたか）と結果回避可能性（熱中症予防の対策を講じることができたか、また、対策を講じれば熱中症の発生を回避できたか）が問われ、状況によっては、損害賠償を請求されます。
②このような観点からも関係諸機関と連携し、対応をしっかりと行うことや「熱中症対策ガイドライン」の作成と校内での活用・研修が非常に重要になってきます。

熱中症による搬送

前東京都東大和市立第一小学校長　濱脇　哲也

➤ こんな時にはどんな説明・メッセージ？

熱中症による搬送を行う事件が発生しました。学校として、保護者、地域にどのような知らせを発信すればよいでしょうか。

■ 説明・メッセージ文例

⑴　初期対応のメッセージ（メール・ライン等）

本校児童が、○月○日（○）○時頃、○○の時間、○○において○○の作業中、熱中症とみられる原因により○○病院に搬送されるという事故が発生いたしました。学校として保護者、地域の皆様に対し、多大なるご心配をかけてしまい、誠に申し訳ありませんでした。○月○日の段階では○○病院に搬送された○名の児童は○○の状態となっており、各家庭におかれましては健康状態の経過観察および学級担任との連絡・調査を継続中です。

これまで学校では○○などの対策を行ってきましたが、このような事故を発生させてしまいました。事故の反省をもとに熱中症対策について見直し、職員一同、再発防止を徹底してまいります。

⑵　事後の詳細説明（プリント）

○月○日（○）○時頃、○○の活動中、○年生○名の児童が体調不良を訴え、そのうち○名が救急搬送されました。

このたびの事案が発生しましたことにつきまして、○○活動において学校の対応が十分でなく、関係者の皆様に多大なご迷惑をおかけし、皆様の信頼を損ねることになったことに対しまして、深くお詫び申し上げますとともに、再発防止に努めてまいります。

①事故当日の状況（以下、誌面の都合により詳細略）

発生日時：○月○日（○）○時○分　発生場所：○○○

児童の活動の状況と学校の対応：○○○○○○○○○○
②事故発生後の対応（詳細略）
○緊急対応、緊急搬送等、学校の児童への対応について
○学校からの保護者、教育委員会への報告について
③事故について調査で明らかになった事実（詳細略）
○事故発生時、当該児童の状況について、学校の指導体制について
○現場での緊急対処について、病院搬送後の状況について
④事件で明確になった課題について（詳細略）
○活動環境に関する課題
○活動計画に関する課題
○運営に関する課題
○緊急対応に関する課題
○学校体制、マニュアル整備、研修に関する課題
⑤再発防止に向けた改善について（詳細略）
○活動環境・活動計画、活動内容に関する点
○活動全体に関する点
○学校体制、緊急対応に関する点

押さえるポイントと留意点

①熱中症による緊急搬送が実施されたのであれば学校側の「安全配慮義務」が問われていき、学校だけでなく、教育委員会や警察、消防、病院との連絡が重要となってきます。児童・生徒の熱中症への対処、搬送に関して事実を十分に説明するだけでなく、今後の対応について、課題点を明らかにし、その改善を具体的に示していくことが求められます。

②さらに、児童・生徒に対しては、熱中症搬送対象の児童・生徒だけでなく、その周囲の子どもたちに対しても健康面、精神面から十分な配慮を行い、調査を進め、ていねいに対応していくことが必要です。校内において「熱中症対策ガイドライン」を活用して教職員の研修を深めていくことが求められます。

教育活動中の大地震

東京都世田谷区立東深沢小学校長　佐々木　克二

➤ こんな時にはどんな説明・メッセージ？

児童が学校にいる間に大きな地震が発生しました。保護者にどのような知らせを発信すればよいでしょうか。

■ 説明・メッセージ文例

⑴　初期対応のメッセージ（メール・学校ホームページ等）

【件名】

○/○〈緊急〉大規模地震発生に伴う児童引き渡しの実施について

【内容】

全校の保護者様へ配信しております。

○月○日（○）○時○分頃○市区町村内で震度５弱の大規模地震が発生いたしました。

「大規模地震発生時の対応について」（各市区町村・学校ガイドライン名称）に基づき、児童の引き渡しを下記のとおり、実施いたします。

現時点では、本日登校している全児童の無事が確認できております。校舎躯体等の大きな被害はございません。

慌てず、迅速に対応いただきますよう、ご理解とご協力をお願いいたします。

記

1　引き渡し開始時刻：○月○日（○）　○時○分～

※引き渡し準備のため、開始時刻が遅れる場合もございます。

※全児童の引き渡しを完了するまで実施いたします。

2　引き渡し場所：在籍学級

※体育館等へ場所変更の際は、正面玄関に掲示いたします。

3　引き渡し者：緊急時引き渡し名簿に掲載されている者

※安全に引き渡しを完了するため、代理者への引き渡しはできません。
4　明日（○月○日〈○〉）以降の授業再開等について
※○市区町村災害対策本部（または教育委員会）からの指示に基づき、本メールにてお知らせいたします。学校からのお知らせがあるまでの間は、「自宅待機」といたします。

⑵　事後の説明（メール・学校ホームページ等）

【件名】
○／○〈お知らせ〉○月○日（○）以降の授業再開等について
【内容】
全校の保護者様へ配信しております。
保護者様のご理解とご協力を賜り、安全に全児童の引き渡しを完了することができました。迅速な対応に心より感謝申し上げます。
標記の件について、○市区町村災害対策本部（または教育委員会）からの指示に基づき、「臨時休校」（「自宅待機の解除」）といたします。
○「臨時休校」の場合の文例：つきましては、本メールにて「自宅待機の解除」のお知らせがあるまでは、引き続き、「自宅待機」といたします。
○「自宅待機の解除」の場合の文例：つきましては、○月○日（○）から「平常の授業（時間割）」といたします。

押さえるポイントと留意点

①当該地区の地震規模（被害状況）等により、初期対応「引き渡し時刻」「引き渡し場所」等の内容が大きく異なります。児童の安全を担保することを第一に考えて、情報を発信してください。
②各市区町村・学校ガイドラインに基づいた安全行動となります。事前に学校状況に応じたガイドラインの周知（年度当初全校保護者会・学校ホームページ・自然災害ごと等）の徹底が必要です。
③地区のポテンシャルに応じて、「南海トラフ地震に関する情報（臨時情報）」が発表された場合の対応をガイドライン内に位置付けることも留意してください。

宿泊行事（校外学習）中の交通事故

東京都府中市立府中第八中学校長　髙汐　康浩

➤ こんな時にはどんな説明・メッセージ？

宿舎に向かっている途中、生徒と教職員が乗車しているバスが乗用車と接触事故を起こしました。事故の衝撃はなく、生徒、教職員の怪我等は確認されませんでしたが、警察等による事故処理の影響でその後の活動を大幅に変更しなければならない事態になりました。また、その段階では、生徒、教職員の怪我等は確認されていませんが、事後の体調不良等が懸念されます。これを受け、保護者、地域にどのような知らせ（事情説明）を発信すればよいでしょうか。

説明・メッセージ文例

⑴　初期対応のメッセージ（メール・ライン等）

修学旅行１日目の行程途中、正午過ぎにＡ駅からＢ市にＣ交通の観光バスで自動車専用道路上を移動していたところ、○組の生徒と教職員が乗車している○号車のバスと自家用車とが接触するという事故がありました。この事故による乗車中の○組の生徒と教職員の身体への衝撃等はないことを確認しています。

警察による現場検証が行われたため、予定の時間から１時間遅れてＢ市に到着しております。Ｂ市で校長、学級担任、看護師が生徒の健康状態を確認したところ、生徒からの体調の不調等の訴えは現段階ではありませんでした。そのため、予定どおりＢ市での活動を行う判断をいたしました。引き続き、生徒の健康状態を注意深く観察し、不調等が確認された場合はただちに医療機関での対応を行います。

今後、お子様との直接の連絡を希望される場合は、次の電話番号におかけください。○○○－○○○○－○○○○または○○○－○○○○－

○○○○。

なお、B市からは別のバスを手配して、代替バスで移動します。保護者の皆様には、ご心配をお掛けしているところですが、本件については、教育委員会と連絡を取り合いながら対応を行っております。後日、改めましてC交通および旅行会社から詳細な説明等を行う予定です。

⑵　事後の詳細説明（プリント）：必要項目のみ

本案件についての詳細説明はC交通および旅行会社が行い、学校は必要に応じて協力を行う。

押さえるポイントと留意点

交通事故は生徒、教職員の生命にかかわる可能性のある重大な事案になる場合があります。

ポイントは以下のとおりです。

①表記における注意（初期対応メール、文書発出）

・事実を端的にわかりやすい表現で

・感情を表現する文言は使わない（個人が発信する文書ではない）
　例：「幸い生徒の怪我はない」「大変悲しいことではあるが…」等

・学校が謝罪を行う主旨の文面にしない。保護者等に心配を掛けたり、不安な気持ちにさせていることについては必ず触れる。

・「想定外」「想定内」という文言は使わない

②文書作成における注意

・迅速な対応が求められるため、起案は現地の管理職が教育委員会と連係して行う。

・文書を受け取る側（保護者）の立場に立ち、必要な情報を精査する。

③ICT機器を効果的に活用する

・本事案では、保護者に子どもが無事であるかということを伝えることが最も重要であるため、ICT機器を効果的に活用し、現地の様子を継続的に伝えていく。

インフルエンザと学校閉鎖

東京都葛飾区立西小菅小学校長　原田　英徳

➤ こんな時にはどんな説明・メッセージ？

インフルエンザが学校に蔓延し、学校閉鎖を余儀なくされました。保護者に対して、今後の対応について、どのような知らせを発信すればよいでしょうか。

説明・メッセージ文例

●学校閉鎖のお知らせ

日頃より本校の教育活動にご理解・ご支援をいただき、ありがとうございます。

○○区でも、インフルエンザによる学級閉鎖等が増加しておりますが、本校児童におきましても発熱症状やインフルエンザによる欠席が○名となりました。また本校職員におきましても、同様の症状による休みが○名となりました。

教育委員会および学校医と相談のうえ、今後の感染拡大防止のため下記のとおり、学校閉鎖の措置をとることといたしました。

各ご家庭におかれましては、児童の健康管理に十分ご留意くださいますようお願いいたします。

保護者の皆様には何卒、ご理解・ご協力をお願いいたします。

記

1　閉鎖期間　○○月○○日（○）から○○日（○）まで（○日間）

2　注意事項

○閉鎖期間中は外出を避けてください。もし外出する場合はマスクを着用し、帰宅後は手洗い、うがいをさせてください。

○毎日検温を行うなど、ご家庭での健康管理の徹底をお願いいたします。

○発熱等の際は、早めの受診と学校への連絡をお願いいたします。

○インフルエンザは、「登校許可証」の提出をお願いします（登校許可証は、ホームページに年度当初に掲載し、家庭でも印刷できるように準備しておく）。

押さえるポイントと留意点

コロナ禍以降は、季節を問わずインフルエンザをはじめとした感染症に罹患する可能性が高まっています。学校現場においては短期間で爆発的に感染する恐れがあることから早めの防止対策を講じる必要があります。

また、今回は学校閉鎖という状況であり、保護者のなかには、不安からどの学級がどのくらい感染しているのかといった特定に走る恐れも考えられます。

そこで、あえて職員の感染も謳うことで、保護者の感染特定の意識を逸らすことも意図的にねらっています。

ポイントは下記のようになります。

①区（市）や同一地域内の各学校、保育園や幼稚園などで感染増加が認められている場合は、その旨を表記するなど、自校だけが突出した感染ではないことを知らせます。

②学校閉鎖や学年閉鎖措置を講じる場合、インフルエンザのみではなく、発熱症状など風邪による欠席者も合わせた人数で知らせるほうがよいでしょう。同様に、学年ごとや学級ごとの人数に細かく分けないこともポイントです。総数としては多い数になりますが、全体として感染者が多くなっていることが伝わればよいでしょう。

③教育委員会などの行政機関や学校医などの医療機関との協議、連携を経たことを確実に伝えましょう。

④学びの保証の観点から、別添え配布物や端末を利用した配信などで、児童や保護者に今後の学習の予定を周知することが大切です。

ノロウイルス、ロタウイルスによる集団感染

東京都葛飾区立西小菅小学校長　原田　英徳

➤ こんな時にはどんな説明・メッセージ？

ノロウイルス、ロタウイルスによる集団感染が発生しました。保護者に対して、どのような知らせを発信すればよいでしょうか。

■ 説明・メッセージ文例

●感染性胃腸炎（ノロウイルス・ロタウイルス）による学校閉鎖のお知らせ

保護者の皆様には、日頃より本校教育へのご理解・ご協力いただきありがとうございます。

さて、本日、胃腸炎症状（感染症胃腸炎）で欠席した児童は〇年生で〇名、〇年生で〇名、〇年生で〇名、〇年生で〇名、計〇〇名となっています。また、〇名の児童が早退しています。

この状況を鑑み、教育委員会や保健所と協議のうえ、学校全体の感染拡大防止のため、下記のとおり対応いたします。保護者の皆様には急なことで大変ご心配、ご迷惑をおかけいたしますが、ご理解をいただき、ご協力をお願いします。

記

1　閉鎖期間　〇〇月〇〇日（〇）から〇〇日（〇）まで（〇日間）
2　毎日の健康観察をお願いするとともに、体調に変化があった場合や胃腸炎を発症した場合などは、学校配信アプリ上の出欠席アイコン（仮称）にてお知らせください。
3　学童保育クラブ（仮称）については、通所を自粛願います。
4　再開後、給食の献立については、変更が生じる可能性があることをご了承ください。

【お願い】
○ご家庭でも、食事前、トイレの後、手洗いをしっかりと行い、嘔吐、下痢の際の片づけ処理には十分にお気を付けください。
○休養・安静のための措置ですので、外出等は極力避けていただき、健康管理にご配慮ください。
○保護者不在の場合の対応を、ご家庭で話し合っていただき、安全に過ごせるよう配慮をお願いします。
○学校では、教育委員会の協力を得ながら、職員で校舎全体を消毒します。

押さえるポイントと留意点

ノロウイルスやロタウイルスをはじめとした感染性胃腸炎については、嘔吐や下痢症状に伴う、飛沫感染や経口摂取による感染などで一気に患者の数が増える可能性があります。表題にもありますように集団での感染拡大が想定されます。拡大の範囲が限定的なのか全体的なのかにもよりますが、集団感染が明らかになれば学校閉鎖の措置もやむを得ないでしょう。

保護者には、落ち着いて対応いただくために、平常時からの予防対策と発生時の感染の拡大防止対策をアナウンスすることが大切です。

学校としては、校内での発生原因があるか精査するとともに、学校全体を消毒する対応をとることを周知し、保護者や地域に安心感を持たせる必要があります。

ポイントは下記のようになります。

①平常時の予防対策としてのマニュアル（各市区町村教育委員会や保健所）を周知することが大切です。
②発生時の拡大防止対策として、嘔吐物処理や排泄時のケアや処理について周知します。とくに次亜塩素酸ナトリウムの希釈方法などを配信するなど即時対応が大切です。
③閉鎖期間中の学習の保証を図っていくことも重要です。

新型コロナウイルスの5類扱いへの変更

東京都葛飾区立西小菅小学校長　原田　英徳

➤ こんな時にはどんな説明・メッセージ？

新型コロナウイルスが５類扱いとなり、今後、学校として新型コロナウイルスについて、どのように対応していくか、保護者、地域に向けてどう発信すればよいでしょうか。

説明・メッセージ文例

●新型コロナウイルス感染症の５類感染症への移行後の学校における対応について

日頃より、本校の教育活動にご理解とご支援を賜り感謝申し上げます。

これまで保護者や地域の皆様には、学校の新型コロナウイルス感染症の対応につきまして、毎日の検温等、健康観察にご協力いただいているところです。

令和５年４月に、文部科学省および○○教育委員会から、５類感染症への移行後の学校における新型コロナウイルス感染症対策の考え方が示されました。学校といたしましては、それらの方針に基づき、今後の学校における対応について、下記のとおりとします。

今後とも、どうぞよろしくお願いいたします。

記

1　学校における新型コロナウイルス感染症対策の考え方について

５類感染症への移行後も、

○家庭との連携による児童の健康状態の確認、把握

○手洗い等の手指衛生や咳エチケットの指導

○適切な換気

といった対策を継続して行います。

また、地域や学校において感染拡大の兆しがみられた場合には、
○対面・近距離・大声での会話や発声を控えること
○児童間で触れ合わない程度の身体的距離を確保すること
○マスクを着用すること
○黙食をすること
等の措置を一時的に講じることがあります。
2　学校における出席停止措置の取扱いについて
新型コロナウイルス感染症への感染が確認された児童の出席停止の期間は、「発症した後5日を経過し、且つ、症状が軽快した後1日を経過するまで」を基準とします。
出席停止解除後、発症から10日間を経過するまでは、当該児童に対してマスクの着用が推奨されることとします。児童の間で、感染およびマスク着用の有無によって差別・偏見等がないよう、引き続き適切に指導を行います。

■押さえるポイントと留意点

新型コロナウイルス感染症が法令上の5類に移行したとしても、コロナ禍での感染拡大防止に寄与した取り組みは継続して行うことを、地域や保護者に理解していただく必要があります。
また、新型コロナウイルス感染症に罹患した場合の出席停止措置については、きちんと明示し、一定期間家庭に留まることで、学校における感染拡大を未然に防ぐことが大切です。
ポイントは下記のようになります。
①国・都道府県・区市町村の感染症対策に準じていること。
②濃厚接触者であっても、感染が確認されていない者については、ただちに出席停止の対象とする必要はないこと。
③やむを得ず学校に登校できない児童には、ICTの活用等による学習指導や学びの保証を行うこと。

学区域での不審者情報

武庫川女子大学特任教授／元大阪府公立小学校長　中山　大嘉俊

➤ こんな時にはどんな説明・メッセージ？

学区域で、不審者が出没したという情報が学校に入ってきました。保護者に対してどのような知らせを発信すればよいでしょうか。

■ 説明・メッセージ文例

学校には、「知らない人から名前や学校を聞かれた」「隣接区域で凶悪な犯罪が発生し犯人が逃走中」など、数日前の事案から現在進行中の事件までさまざまな不審者情報がよせられます。内容も、声掛けや露出、付きまとい、写真撮影、さらには、凶悪な犯罪などさまざまで、なかには、不審者かどうか不確実な情報や誤報もあります。メールを出すかどうかは、第一報の時点でその概要を把握し、緊急対応が必要な具体的な情報かを判断します。

児童の安全を第一に、基本的には、児童や保護者の受け止めを尊重して、「見逃す」よりは「空振りでもいい。迷ったら出す」というスタンスで臨みます。

⑴　初期対応のメッセージ例（メール・ライン等）

一昨日、校区で不審者の声掛け事案があり、学校では次の対応をしています。ご家庭でもお子様と安全について話し合ってください。

【事案の概要】○月○日（○）午後○時頃、校区の中央公園（中央東○丁目）で遊んでいた児童が、見知らぬ男から「お菓子あげる。遊びにいこう」と声をかけられ、怖くなり逃げた。

【男の特徴】年齢：40歳位、身長：160～165cm、体格：やせ型、髪型：黒色パーマ頭、服装：茶色ジャンパー、青色デニムズボン。

【学校の対応】①警察にパトロールの強化と情報提供等を要請。見守り隊の方にもパトロールの強化を依頼。②各学級で、外で一人で遊ばないことや何かあったときの「いかのおすし」などを指導。③教育委員会と連携し、当面の間、教職員で下校時や放課後の校区巡視を実施。

⑵　今後の対応説明例（プリント）

○月○日（○）、中央公園で遊んでいた児童らが、不審者に声をかけられた事件のその後の状況についてお知らせします。

○警察から、不審者の確保や近隣地域での出没に関する情報は現時点ではありません。引き続き、パトロール等を要請しています。
○学校では、今後も安全指導や下校時の巡回を定期的に行います。
○保護者や地域の皆様には、児童の登下校の時間帯に、犬の散歩や買い物時等に無理なくできる範囲でパトロールに協力ください。
○不審者情報によっては、安全が確認できるまで児童を学校に留め置く、保護者への引き渡しや集団下校等を行う等の場合があります。ホームページに詳しく掲載していますのでご覧ください。

■ 押さえるポイントと留意点

①事件の概要は「いつ・どこで・誰が・何を・どうした・どのように」の5W4Hを明確にして知らせるようにします。
②最大限、児童のプライバシーに配慮します。たとえば「児童が胸を触られた」等の場合は「体を触られた」とするなど、配信文は直接的な表現は避けるように留意します。関係者等の同意が必要と判断される場合には同意を得たうえで配信します。
③学校の対応を知らせるとともに、保護者、地域ボランティア等の協力を得て、防犯対策を強化するように努めます。
④登下校時等の児童に被害が及ぶ危険性がある場合は、安全確保までの児童の保護と保護者への引き渡しや集団登下校を行います。
⑤配信内容が誤報だったと分かった場合は、そのことをきちんと知らせます。そうすることで学校からの配信の信頼性を担保します。

なお、不審者情報に関する学校の対応については、年度当初にプリントや懇談会等で周知徹底することや、複数の伝達手段の確保が重要です。また、児童・保護者には多くの方が児童を大切に見守っていることも併せて伝え人間不信に陥らないように留意します。

校内への不審者侵入事故

大阪府大阪市立大開小学校長　永原　哲也

➤ こんな時にはどんな説明・メッセージ？

学校に不審者が侵入しました。幸い、児童、教職員に怪我などはありませんでしたが、警察を呼ぶ事態となりました。それを受け、保護者、地域にどのような知らせ（事情説明）を発信すればよいでしょうか。

■ 説明・メッセージ文例

⑴　初期対応のメッセージ（メール・ライン等）

○月○日○時頃、本校校舎内に不審者が侵入いたしました。幸い不審者は警察により逮捕され、児童および職員等に被害はありませんでした。本校では、平素より、学校の危機管理マニュアルに則り、学校正門のインターホンにて、来校者に対して、名前、訪問目的、入校証等を確認した後に、正門の鍵を開錠するようにしております。今回は、不審者がどのようにして侵入したかは現在のところ不明ですが、詳細がわかり次第、追ってお知らせいたします。

本日は、児童が不安を抱えている可能性もあることから、お子様を学校に迎えに来ていただき、直接引き渡しをさせていただきます。○月に実施いたしました「引き渡し訓練」に従ってご来校くださいますようよろしくお願いいたします。

⑵　事後の詳細説明（プリント）

○月○日○時頃に発生しました不審者侵入事案につきまして、事実関係が判明次第、保護者説明会を開催し、事件の概要や今後の対応等について説明いたします。

ここでは、現時点で明らかになりましたこと、懸念される児童の心のケアを中心にご報告いたします。

警察によりますと、不審者は、本校南側の塀を乗り越えて侵入した模様です。凶器等は所持していませんでした。現在、教職員による校内外の巡視強化はもちろん、警察や区役所の防犯担当課、PTAや地域の見守り隊の皆様にもパトロールを強化していただいています。

さらに教育委員会と連携し、再発防止策を策定中です。

精神的なストレスを抱えている児童がいるのではないかと心配しております。お子様の様子でいつもと違うサインを感じられた場合は、担任等による教育相談だけでなくスクールカウンセラーの活用もできます。ぜひ、学校にご相談ください。

一番大切な児童の安全と安心を、学校と保護者の皆様、地域や関係機関で力を合わせ、守りたいと考えております。何卒ご理解とご協力のほどよろしくお願い申し上げます。

■押さえるポイントと留意点

不審者侵入事件は子どもの生命にかかわる重大な事案です。取り組みとしては、平素から、校内の巡視体制や来校者に関するチェックを教職員に徹底しておく必要があります。また、年度当初に、危機管理マニュアルの徹底と「引き渡し訓練」を実施しておく必要があります。そのことで、防犯上の事案だけでなく、地震や台風等の防災上の事象が発生した際にも役立ちます。

不審者侵入事案は、負傷者がいない場合にも、子どもが精神的な被害を受ける可能性があること、保護者の不安も高く、デマといった不確実な情報が出回る可能性があります。深刻な事案ですので、説明会の開催がベターです。その前段階として、メールやプリントでの、より迅速な情報発信が求められます。

ポイントは、下記のようになります。

①事案の発生状況や経過、負傷者等の状況、緊急に実施した措置などについて、正確さ、プライバシーに留意し、迅速に知らせる。

②安全体制の確立のために、保護者や地域、関係機関への協力を依頼する。

③事後対応として、スクールカウンセラーの活用、関係機関との連携や再発防止策について周知する。

下校時の不審者との遭遇

大阪府大阪市立大開小学校長　永原　哲也

➤ こんな時にはどんな説明・メッセージ？

下校途中、怪しい人から声を掛けられ、児童は怖くなり学校に戻ってきたと言います。このような場合、保護者に対して、どのような知らせを発信すればよいでしょうか。

■ 説明・メッセージ文例

(1) 初期対応のメッセージ（メール・ライン等）

○月○日○時頃、本校児童が下校途中に、不審者に声を掛けられ児童は怖くなり学校に戻ってくるという事案が発生しました。幸い児童に怪我等の被害はありませんでした。

学校としては、この事案を受け、すぐに警察へ通報するとともに、教職員によるパトロールや、地域の見守り隊、区役所の防犯担当課へパトロール依頼を行いました。

保護者の皆様におかれましても、お子様の安全確認を行っていただくとともに、可能な範囲で児童の安全見守りへのご協力をよろしくお願いいたします。

【不審者の特徴】

身長170cm前後、40代から50代ぐらいの細身の男性、短髪で黒ぶち眼鏡、白いＴシャツに黒いパンツを着用し、青色のショルダーバッグを肩からかけていた、とのこと。

不審者を見かけた場合、すぐに警察へ通報していただきますようよろしくお願いいたします。（○○警察直通電話番号○○-○○○-○○○○）

(2) 事後の詳細説明（プリント）

○月○日○時頃に発生いたしました本校児童の不審者遭遇事案の続報をお知らせいたします。

被害児童は、その後、保護者に迎えに来ていただき、安心して帰宅することができました。本事案において、被害児童は、危険を感じた際に、その場からすぐに立ち去り、安全な場所に避難するという、自身の身を守るための適切な行動をとることができました。

しかし、不審者が依然発見されていないことを受け、引き続き、明日の登下校についても教職員によるパトロールを実施するとともに、警察や区役所の防犯担当課、地域の見守隊のパトロールも依頼しております。また、保護者の皆様におかれましても、可能な範囲で、児童の安全見守りにご協力をお願いいたします。

学校としては、普段から、不審者に遭遇した際の対応として、警視庁の防犯標語である「いかのおすし」(〈ついて〉行かない、〈車に〉乗らない、大声を出す、すぐ逃げる、〈大人に〉知らせる)を活用するよう指導しています。保護者の皆様におかれましても、この機会に安全な生活について、お子様とぜひお話をしていただきますようよろしくお願い申し上げます。

■押さえるポイントと留意点

不審者遭遇事案は、子どもの生命にかかわる可能性のある重大な事案です。事なきを得た場合であっても、けっして軽く考えず、最悪の事態を想定して行動することが大切です。不審者に遭遇した児童の不安は大きく、簡単に解消されないケースも多くあります。被害児童の事後の心のケアに注意を払い、被害児童の保護者へ、スクールカウンセラーの必要性や学校に対する要望等を聞き取り、不安な気持ちの払拭へ向けた保護者との協力が欠かせません。

ポイントは、下記のようになります。

①事案発生の情報をつかんだら、事案の概要と安全見守り依頼等を保護者や地域へ速やかに情報発信する。

②安全体制の確立のために、教育委員会や所轄警察、区役所等と連携していることを知らせて、保護者の不安感の軽減に努める。

③今後の対応等を記述する。心のケアや不審者に遭遇した際の安全確保のための行動について実例を通して児童に指導するなど。

食物アレルギーの事前通知

東京都調布市立富士見台小学校長　小俣　弘子

➤ こんな時にはどんな説明・メッセージ？

新年度を迎えるに当たり、学校は保護者に対して「食物アレルギー」の対応についての通知を出し、周知する必要があります。どのような知らせを発信すればよいでしょうか。

■ 説明・メッセージ文例

⑴ 「食物アレルギー対応」についての周知

（区・市）立小学校では、「安全・安心」に学校生活が送れるよう食物アレルギーのあるお子さんに対して統一の方針および医師の指示をもとに、学校の状況に応じた給食の対応を行っています。

さて、令和○年度を迎えるに当たり、現時点でアレルギー疾患がある場合、または不安がある場合は、必ず学校にお知らせください。給食での対応（新規・継続）を希望される場合は、学校にて面談を行います。

また、給食以外でも校外学習や宿泊学習、調理実習、実験など食物の摂取や接触の機会がありますので、アレルギー疾患がある場合は必ず学校にお申し出ください。小さなことでも申し出ていただくことが、お子さんの「安心・安全」な学校生活につながっていきますので、よろしくお願い申し上げます。

⑵ 食物アレルギー対応実施までの流れを周知する。

①食物アレルギーが必要かどうかを家庭で確認する。

・医師の診断により、アレルギーであることが明確な場合
・アレルゲンが特定され、医師からアレルギー対応の指示がある場合
・医師の診断があり家庭でも食物アレルギー対応を行っている場合
・食物アレルギーに対する配慮・管理を希望する場合

②食物アレルギー対応を希望する旨を学校に申し出る。

③学校から渡された「学校生活管理指導表」をもって医療機関を受診する。
④医師の作成した「学校生活管理指導表」を学校に提出し、今後の対応について面談する。
⑤食物アレルギーに対する給食などの取り組みを開始する。
対応を実施するまでの詳細は、学校で行う面談でお伝えいたします。
ご不明な点等、学校までご連絡ください。

■ 押さえるポイントと留意点

食物アレルギーに起因する病態には、緊急な対応を要し重大事故にもつながることもあり大きな問題となります。

児童の安心・安全な生活のために、まずは保護者からの情報提供が必須となります。

そのため、保護者に食物アレルギー対応の重要さについて十分に周知することで、お子さんの気になる症状（最近見られる）を見落としたり、見過ごしたりすることを防ぎ、学校に申し出てもらうことが必要となります。

ポイントは下記のようになります。

①新年度を迎えるに当たり、食物アレルギー対応について周知するのは前年度の3学期早々となります。入学生についても新1年生保護者会での周知を徹底します。
②給食の対応については、市や区などの自治体によっても取り組みが違います。学校の所属する自治体の対応マニュアルに即して、保護者に周知してください。
③保護者からの申し出により、学校での面談を通じて症状をていねいに聴き取り、適切な対応につなげていきます。

運動誘発性アレルギー

東京都調布市立富士見台小学校長　小俣　弘子

➤ こんな時にはどんな説明・メッセージ？

給食後１時間、５校時の授業中、突然児童が呼吸困難を訴え倒れました。救急車を要請し、児童は大事に至りませんでしたが、この事態を受け、学校は保護者、地域にどのような知らせ（事情説明）を発信すればよいでしょうか。

■ 説明・メッセージ文例

⑴　初期対応のメッセージ（メール等）

本日○月○日、本校におきまして発生した食物アレルギーに関する対応についてご連絡いたします。

５時間目の体育の授業中１名の児童が、給食後の運動による「運動誘発性アナフィラキシー」の症状が起こり、救急車を要請しました。現在、発症したお子さんは、体調が落ち着き保護者の方と帰宅することができております。

保護者の皆様、地域の皆様には、このような事態になりご心配をおかけいたしましたこと心よりお詫び申し上げます。

なお、明日、該当学級のお子さん中心に、校長より状況を説明し、子どもたちの心的な状況に応じてスクールカウンセラーとの面談をすすめてまいります。ご家庭におきましてもお子さんの様子で心配なことがありましたら学校までご連絡ください。

⑵　事後の詳細説明（プリント）

この度、児童が発症した「食物依存性運動誘発アナフィラキシー」の件についての詳細をご報告いたします。

①「食物依存性運動誘発アナフィラキシー」とは、特定の食物を食べた２時間後以内の運動が引き金となって、じんま疹、呼吸困難、血圧低

下などの症状が出現する病気です。本件においての特定の食物は当日の給食に出た果物と判明いたしましたが、これまでアレルギー対応は行っておらず、新たにアレルギー反応が出た食物と分かりました。

②再発防止として、以下の点を徹底して行ってまいります。

○これまでと同様、管理職、栄養士、調理員、そして担任が、再三の注意を払って食物アレルギー対応を行っていくこと。

○児童を日頃から見守り、体調や表情に変化が見られる場合には、早急に対応すること。

○教職員全体で危機対応マニュアルに即してシミュレーション研修を積み重ねて児童の命を守るための迅速で適切な対応を行うこと。

なお、該当するお子さんの個人情報や全校児童の心的ケアを守る観点から、マスコミ等の取材などにおきましては窓口を本校の副校長に一本化し対応してまいります。お子様や保護者様に取材等ございましても「学校へ連絡してください」と伝えていただいて構いません。

■押さえるポイントと留意点

食物アレルギーによるアナフィラキシー症状は、子どもの生命にかかわる可能性のある重大な事案です。事故の分析を徹底して行い信頼回復に向けて安心・安全の取り組みを保護者に周知し、全教職員で取り組んでいくという強い決意が求められています。

ポイントは下記のようになります。

①発症者の救急救命処置の適切な対応。

②事故の原因究明と再発防止策の提示。

③再発防止策の周知と教職員の実施の徹底。

④児童の心的ケア、カウンセリングの実施。

⑤マスコミ等からの取材への対応の一本化。

集団食中毒

東京都調布市立富士見台小学校長　小俣　弘子

➤ こんな時にはどんな説明・メッセージ？

社会科学習で七輪体験をすることとなりました。安全管理の上から保護者にも参加を求め実施することにしました。保護者との打ち合わせで当初予定していた餅以外の食材も用意することとなり、その時に食べた鶏肉が生焼けで、食中毒が発生しました。保護者に対してどのような通知を出して事情を説明していけばよいでしょうか。

説明・メッセージ文例

(1)　初期対応のメッセージ（メール等）

○月○日○時頃、第○学年の社会科の七輪体験におきまして集団食中毒が発生いたしました。発症した○名のお子さんへの対応として救急車を要請し、現在病院にて治療を行っているところです。また、保護者様にも病院に付き添っていただき、現在○名とも快方に向かっているとのことです。発症されたお子さんと保護者の皆様には多大なる苦痛とご心配、ご迷惑をお掛けいたしましたことを心より深くお詫び申し上げます。また、本校におきましてこのような事態となり全校のお子さんと保護者様にご心配をおかけすることとなりましたことを改めて心よりお詫び申し上げます。本件の詳細と原因究明、再発防止策につきまして、今後機会を設けさせていただきまして保護者の皆様にお伝え申し上げます。

なお、明日校長より全学級児童に本件についての謝罪、状況の説明、ならびに心的なケアとしてスクールカウンセラーとの面談をすすめてまいります。ご家庭におきましてもお子さんの様子で心配なことがありましたら学校までご連絡ください。

(2)　事後の詳細説明（臨時説明会を実施、事故の概要説明・謝罪）

①食中毒の原因

七輪体験で使用した鶏肉が生焼けのまま食べてしまった。
②食中毒事故の経緯について
（授業の狙いの説明後）本時間は、担任○名と体験や安全管理の補助のため保護者ボランティアの方○名にご協力いただき体験の補助を多くの大人で行うこともあり、打ち合わせの段階で「餅」だけでなく「鶏肉」も扱うことを学校として判断いたしました。本時間中、この鶏肉を食べた児童が腹痛を訴え、嘔吐等の症状が発生し緊急対応を行うこととなりました。
③再発防止策について
○大人の補助があっても学校において、生の肉や魚を扱わないことを徹底いたします。（学習指導要領解説「家庭科」より）
○児童が学校で食する物すべて事前にご家庭に連絡し、衛生管理や作業工程の衛生的な配慮を徹底して行ってまいります。
○教職員全体で、児童の安心・安全な学校生活のために、日頃からの危機管理意識を向上させ、二度と事故を起こさないための研修や体制を整備してまいります。
なお、該当するお子さんの個人情報保護や全校児童の心的ケアの観点から、マスコミ等の取材などは窓口を本校の副校長に一本化し対応してまいります。お子様や保護者様に取材等ございましても「学校へ連絡してください」と伝えていただいて構いません。

押さえるポイントと留意点

本件は、小学生に集団食中毒を引き起こしただけでなく、その原因が生肉を使用するという衛生管理上の危機管理意識の低さと軽率さが学校の信頼を大きく低下させる問題となっています。この状況から学校の信頼を回復するためのポイントは下記のようになります。
①自治体の教育委員会に早期に報告し対応について検討する。
②原因究明をした事実を正確に伝え、真摯に謝罪する。
③再発防止策の提示だけに終わらず、教職員の危機管理意識向上の研修等の実施・内容について保護者に継続して情報提供する。

教員の不祥事（体罰）

東京都葛飾区立柴又小学校長　木間　東平

➤ こんな時にはどんな説明・メッセージ？

教員の体罰事案が発生しました。保護者、地域にどのような知らせ（事情説明・対応）を発信すればよいでしょうか。

説明・メッセージ文例

(1)　初期対応のメッセージ（メール・ライン等）

教員は児童・生徒に対し「懲戒」を加えることはできるが、「体罰」を加えることはできない（学校教育法11条）。つまり、体罰は例外なく違法行為であり、禁止されています。しかし、体罰事案は毎年のように起こっています。もし、自校で体罰事案が起こってしまった時は、学校全体で情報を共有したうえで対応を検討していきます。そして、被害児童・生徒の保護者の家庭に管理職、学年主任、加害教員とその日のうちに伺い、まず体罰を行ったことへの謝罪と、体罰に至ってしまった経緯を説明し、保護者の理解を得ることが重要です。

また、学校内でその様子を見ていた児童・生徒より、他の保護者に事案が伝わり、誤った情報が流れることを考える必要があります。そのため、教育委員会に連絡のうえ、児童・生徒が帰宅する前に、①体罰事案の発生、②被害児童・生徒の怪我の有無、③謝罪、④経緯を確認中であること、⑤被害児童・生徒、保護者への対応、⑥改めて後日学校から説明する旨についてメールで知らせ、誤った情報が広がらないよう理解を求めることが必要となります。

(2)　事後の詳細説明（プリント）

体罰事案発生後、教育委員会と相談のうえ、必要に応じて、速やかに学校として説明会を開催することが、学校への信頼を早期に修復することに繋がります。説明会でなくとも、「謝罪、事実の報告、今後の対応」については、全保護者にプリントを通して、説明することが必要です。

押さえるポイントと留意点

令和3年度文科省「公立学校教職員の人事行政状況調査について」によれば、体罰に係る懲戒処分を受けた教員の数は343人です。近年は、小学校教員の数が増え、令和3年度は、処分を受けた小学校教員は119人、中学校教員は92人となっています。体罰発生時の状況としては授業中が最多、また体罰事案の把握のきっかけは、小・中学校とも保護者の訴えが最も多く、保護者から訴えられて慌てて学校が対応するというケースが多いようです。

体罰事案に対応する場合は、以下のようにすばやく事実を把握し、信頼関係を早期に修復する努力が求められます。

①事実の把握：加害教員本人、あるいは被害児童・生徒を含めた児童・生徒など関係者に対する事情聴取から、可能な限り事実を正確に把握します。

②謝罪：体罰の問題はとくに、教員が体罰を加えた事実を把握した時点で、速やかに管理職と加害教員が家庭に赴き、速やかに謝罪することが大切です。そのうえで、児童・生徒側にも問題行動が存在する場合は、その場もしくは後日、保護者に学校での指導や家庭での指導について、保護者に理解を求めることも大切です。さらに、その後の加害児童・生徒を含めた児童・生徒に対するケアについても、責任を持って対応することを明確に示すことが大切です。

③事実についての発表と当該校関係者での話し合い：事実が確認されたら、緊急に教職員全員を集め、事実の報告、今後の対応策を明確に示し、学校としての共通理解を図ります。そのうえで、当該保護者を含めた全保護者にも、説明会開催やプリントで、謝罪、事実の報告、今後の対応策を明確に示していくことが大切です。とくに、学校が児童・生徒の人権尊重を第一に考えていることを確認し、今後、情報を公開することによって、信頼される学校づくりをめざすという方向を確認していくことが重要です。

教員の不祥事（盗撮）

東京都葛飾区立柴又小学校長　木間　東平

➤こんな時にはどんな説明・メッセージ？

休日、教員が盗撮により警察に逮捕される事案が発生しました。報道でも取り上げられる事態となっています。保護者、地域にどのような知らせ（事情説明・対応）を発信すればよいでしょうか。

説明・メッセージ文例〉

⑴　初期対応のメッセージ（メール・ライン等）

まず大切なことは、児童・生徒や保護者の動揺を落ち着かせることです。一般的に報道が流れ知った児童・生徒や保護者、地域の方の多くは、「逮捕＝有罪」といった感情を持ちます。そのため、学校としては、①教員逮捕の動揺に対する謝罪、②事実関係が明確でない状況、③事実関係については今後警察などの捜査に委ねられること、④児童・生徒、保護者、地域の方には、冷静な判断と行動を求めること（個人の名誉やプライバシーを侵害する行為をしないよう注意）を、メールを通して情報収集後速やかに伝えることが大切です。

⑵　事後の詳細説明（説明会・プリント）

わいせつ事案が発生した場合の伝え方としては、緊急の保護者会を開催する方法もありますが、マスコミが保護者会に押し掛ける可能性があることから、十分教育委員会と相談し進めることが重要です。状況によっては、文書の配布で対応することも考えられます。説明会、文書での内容のポイントを以下に示します。

①児童・生徒や保護者の動揺を落ち着かせる。
②事実関係が明らかになっていない状況であることを説明する。
③事実関係については今後警察等の捜査に委ねられることを説明する。
④児童・生徒や保護者に対し、現時点では断定的に判断せず、冷静に行

動するよう促す。
⑤個人の名誉やプライバシーを侵害するような行為をしないよう注意を促す。
⑥事件により動揺させ、迷惑をかけていることについて、謝罪する（起訴され有罪が確定した場合には、速やかに改めて事実関係を報告し謝罪する）。
⑦教員の現行犯逮捕や逮捕後の自白があったとしても有罪かどうかは断定できない旨を説明し、今後の状況を冷静に見守り、行き過ぎた言動をしないよう注意を促す。
⑧児童・生徒に対するケアを、カウンセリングや医療機関と連携して、学校として全力で行うことを説明する。
⑨捜査の進捗により事実関係が明らかになった場合は、速やかに事実を説明することに努めることを説明する。

押さえるポイントと留意点

①わいせつ行為のほとんどは刑事罰の対象であり、警察や検察での刑事手続き上において事実関係が確認されていくため、事実関係があいまいな状態で学校が確定的な判断を前提とした対応はすべきではありません。教員が逮捕された段階では、マスコミやインターネットの報道であたかも有罪であると断定されたような報道がなされ、それを信じた児童・生徒、保護者や地域が教員の処分や学校の責任を追及してくることもありますが、この時点ではまだ「無罪推定の原則」が働いていることを忘れてはなりません。また、裁判で有罪になるとは限らず、被害者と示談がまとまれば不起訴処分になることも十分あり得ます。
②わいせつ行為には被害者が存在することを忘れてはなりません。被害者の心情を考慮せず、学校の判断のみで事実に係る情報を公表したり、逆に隠蔽したりすることは避けるべきです。教員のわいせつ行為に関して、被害者の心情や周囲の児童・生徒の心情を考えない軽率な対応は、教育機関としての学校への信頼を大きく損なうことになることも押さえる必要があります。

教員の不祥事（個人情報の紛失）

東京都葛飾区立柴又小学校長　木間　東平

➤ こんな時にはどんな説明・メッセージ？

教員が自宅に生徒の答案用紙を持ち帰る途中、どこかに置き忘れてしまい、個人情報の流出の恐れがあります。保護者、地域にどのような知らせ（事情説明・対応）を発信すればよいでしょうか。

■説明・メッセージ文例

⑴　初期対応のメッセージ（メール・ライン等）

夜遅くの連絡をお詫び申し上げます。今夜、○年○組担任が、自宅に○年の○○科の答案用紙を採点のため持ち帰る途中、答案用紙の入ったカバンを電車内か飲食した店に置き忘れ紛失しております。ご心配をかける事態になっていることをまずお詫び申し上げます。現在は、駅および飲食した店に確認するとともに、警察署にも紛失届を出しております。また、副校長を窓口に新たな情報が速やかに入るよう努めています。詳しい説明などにつきましては、明日文書にてお知らせいたしますので、生徒の動揺へのケア、保護者様の冷静なご対応をよろしくお願いいたします。

⑵　事後の詳細説明（プリント）

昨日起こりました「○年○○科答案用紙の紛失」について、生徒、保護者の皆様にはご心配をかけ、心よりお詫び申し上げます。また、今朝、学年集会にて生徒を集め、校長、該当教員より謝罪と事の経緯を説明いたしました。

事の経緯、現在の状況、今後の対応などにつきまして、以下のとおり説明させていただきます（記載項目のみ以下に示す）。

①答案用紙紛失の経緯について正確に記す

○学校の個人情報管理体制も記す
②紛失発覚後の対応について記す
○副校長に連絡、指示を仰ぐ
○副校長が校長に連絡、対応を確認
○警察、駅に紛失届を提出、飲食した店に出向き確認
○校長より今朝教育委員会に報告
○現状の報告（カバンなど未発見、個人情報の流出はなし）
③今後の対応
○生徒への心のケア
○駅、警察署との連絡体制
○個人情報流出の確認を毎日実施
○新しい情報が確認できた時は、メールなどで連絡

押さえるポイントと留意点

現在では、各自治体で学校における個人情報管理を規定する条例が作られ、学校においては、校長の許可を得るなど厳格なルールがある学校が多くなっているにもかかわらず、個人情報の紛失事件は毎年のように起こっています。学校の情報管理の脆弱性を指摘されても仕方がない状況です。学校においては、毎月個人情報管理について確認し合うことが大切です。一方で、学校だけでは仕事が終わらないという現状もあり、働き方改革への取り組みをさらに推進していくことも求められています。

個人情報紛失事案が起こったとき、学校としてしてはならないのは、
①報告が遅れる
②隠ぺいする
③児童・生徒に謝罪しない
ことです。本事案では、すぐに連絡したことで、対応がスムースに進み、生徒、保護者の学校への不信感は最低限に抑えられたと思います。個人情報の紛失はあってはならないことですが、もし起こしてしまったら、隠蔽せず、すぐに報告し、学校はただちにメールなどで情報を発信することが求められます。

交通事故

元埼玉県公立小学校長　大澤　正則

➤ こんな時にはどんな説明・メッセージ？

児童が下校中、自動車との事故に遭ったとの連絡が学校に入りました。児童は、救急車で運ばれましたが、大事には至りませんでした。この事故を受け、学校は保護者、地域にどのような知らせを発信したらよいでしょうか。

■ 説明・メッセージ文例

(1)　初期対応のメッセージ（メール・ライン等）

○月○日○○時○○分頃、本校○年生男子児童が友だち２人と一緒に下校途中、○○交差点内横断歩道上で自動車との交通事故に遭ったとの連絡が入りました。児童は救急車で病院に搬送され、診察の結果、腰部打撲と手足の擦過傷程度で幸いにも大事に至らず、一緒にいた２人の児童に怪我等はありませんでした。

事故の第一報を受け、学校は被害児童の保護者と連絡をとるとともに現場に急行し、児童ならびに事故発生場所および事故発生の状況について確認しました。校長と担任は救急車に同行して搬送先の病院へ行き、入院等の必要はないとの医師の診断を受けました。

なお、事故現場に一緒にいた２人の児童は教員が自宅まで送り、保護者に状況説明をいたしました。この事故に関する詳細については改めてお知らせします。

(2)　事後の詳細説明（プリント）

○月○日○○時○○分頃、下校途中に発生した本校児童に関する交通事故の詳細につきましてご報告申し上げます。

当該児童は同じクラスの友だち２人と一緒に通学路を下校途中でありました。事故現場は信号機のある○○交差点内で、警察の話によると３

人の児童は前方の歩行者用信号が青に変わったことを確認して横断歩道を渡り始めたところ、右後方から左折しようと交差点に入ってきた軽トラックに1人が接触したものです。この運転手は品物を配達中で、運転しながら配達先の場所をスマホを見て確かめていたとのこと。前方の信号が青であったのでそのまま交差点を左折し、横断歩道を歩いていた児童を見ていなかったそうです。事故に気づいた運転手がすぐに児童を介抱するとともに救急要請しました。

この事故を目撃した地域の方から事故発生の第一報をいただき、学校はただちに被害児童の保護者と連絡をとるとともに校長・養護教諭・学級担任が事故現場に急行し、状況を確認しました。すでに警察と救急車が現場に到着して現場検証中であり、児童は救急車内に収容されて会話ができる状態でありました。一緒にいた児童2人は教員がそれぞれの自宅まで送り、保護者に状況説明をしました。

この事故を受け、学校では交通事故の防止を徹底するため、地域警察署の協力をいただいて全校児童を集めて交通安全指導を行った後、各学級においても各学年児童の発達段階に応じた指導を行いました。各ご家庭におかれましても、ご自宅周辺や地域の実情に応じた交通安全指導を日頃より進めてくださるようお願い申し上げます。

押さえるポイントと留意点

登下校時のみならず、交通事故防止は家庭生活を含む日常全般において児童に徹底させたい重要課題です。そのために必要な「自分の命・身の安全は、自分で守る」資質は、家庭や地域の理解と協力を得て計画的に学校教育の場で育成していくことが望まれます。

ポイントは下記のようになります。

①交通規則の順守、青信号でも車両等が停止し、周囲が安全であることを自分の目で確認してから道路を渡る（危険察知能力育成）。

②通学路や生活道路上の安全施設と交通状況を正しく把握する。

③教室移動、廊下歩行、室内生活等、校内安全行動を徹底する。

④事故発生時の緊急連絡対応体制を具体的に明示し、周知する。

遊具での死亡事故

元埼玉県公立小学校長　大澤　正則

➤ こんな時にはどんな説明・メッセージ？

休み時間、遊具による児童の死亡事故が発生しました。事故を受け、保護者、地域にどのような知らせ（事情説明・対応）を発信していけばよいでしょうか。

説明・メッセージ文例

児童名の記載は保護者の意向を尊重します。

(1)　初期対応のメッセージ（メール・ライン等）

○月○日○○時○○分頃、本校校庭にあるジャングルジムから児童が落下して後頭部を強打し、死亡するというたいへん痛ましい事故が発生いたしました。事故発生時は昼休み時間中であり、多くの児童が遊んでいました。この児童は友だちとジャングルジムで鬼ごっこをして遊んでおり、ジャングルジム上を立って移動しようとしたときに足を滑らせて地面に落下しました。連絡を受けた職員が現場に急行し、ただちに救急要請とAEDによる救命措置を行いました。児童は病院へ救急搬送され、医師による懸命の治療も甲斐なく、死亡が確認されました。亡くなられた児童のご冥福を心よりお祈り申し上げます。なお、事故の詳細については改めてお知らせします。

(2)　事後の詳細説明（プリント）

○月○日○○時○○分頃に発生いたしましたジャングルジムから落下した児童の死亡事故の詳細につきましてご報告申し上げます。

事故発生時は昼休み時間中で、校庭では多くの児童が遊んでおり、この児童もクラスの友だちとジャングルジムで鬼ごっこを楽しんでいました。鬼になってみんなを追いかける際、ジャングルジムから両手を放して立ったときに足を滑らせ、バランスを崩して後ろ向きに校庭に落ちてしまいました。一緒に遊んでいた児童の連絡を受け、職員・養護教諭が現場に急行し、児童の様子からただちに救急要請、AEDによる救命措置、保護者連絡を行い、校庭にいる児童を含め全児童を担任指導のもとで教室待機としました。児童は救急車により病院へ搬送され、医師の懸命な治療も甲斐なく、死亡が確認されました。亡くなられた児童のご冥福を心よりお祈り申し上げます。

この事故を受け、学校では校内にあるすべての遊具の安全点検を行うとともに全校集会を開き、事故の報告ならびにそれぞれの遊具の安全な使い方、遊び方、使ううえでの約束等について具体的に全児童に指導いたしました。さらに、各学級ごとに直接遊具に触れ、学級担任と管理職による現場に即した安全な使い方指導を行いました。また、事故後、精神的不安を訴える児童に対しては、校内において専門のカウンセラーによる相談を実施するとともに当分の間、休み時間中は交代制で教員2名を校庭に配置して児童の遊びや活動の様子を見守り、安全確保、事故の防止に努めてまいります。

押さえるポイントと留意点

学校はすべての子どもたちにとって安全であることが大前提であり、登下校を含む学校生活全般においてあらゆる事故を想定し、児童の安全確保に努めなければなりません。

遊具の使用は体育授業と休み時間が中心であり、適正な使用に向けて観察・指導を行います。

ポイントは下記のようになります。

①すべての遊具について直接触れながら安全な使い方指導を行い、正しい使い方事例、してはいけない使い方事例を具体的に児童に示して理解させ、遊び方、使い方の約束を徹底する。

②それぞれの遊具に合わせた「施設点検チェックシート」と「遊び方観察シート」を作成し、施設ならびに使用状況の日常点検を行う。

③休み時間中は計画的に複数職員による見守り・指導チームを校庭に配置し、「遊び方観察シート」を活用して日常安全を確保する。また、事故発生時の迅速かつ的確な連絡対応体制を具体的に整備する。

理科実験中の火傷

元埼玉県公立小学校長　大澤　正則

➤ こんな時にはどんな説明・メッセージ？

理科の実験中、ビーカー内の沸騰した湯で児童が火傷をするという事故が発生しました。その事故を受け、学校として保護者にどのような知らせ（事情説明・対応）を発信していけばよいでしょうか。

■ 説明・メッセージ文例

⑴　初期対応のメッセージ（メール・ライン等）

○月○日○時○分頃、○年○組が理科室で水の沸騰の様子を調べる実験中、水の温度を計るために温度計を差し入れた際に温度計がビーカーに触れ、ビーカーが倒れてこの児童の手に湯がかかる事故が発生いたしました。教員はただちに児童の手を流水で冷やす措置をとるとともに管理職に事故発生の連絡を入れ、養護教諭が現場で対応しました。また、教頭が保護者と病院へ連絡し、校長・養護教諭が引率して受診しました。右手親指周辺の火傷で全治１ヵ月の診断でした。なお、事故の詳細については改めてお知らせします。

⑵　事後の詳細説明（プリント）

○月○日○時○分頃、○年○組の理科授業で実験中に発生いたしました児童の火傷事故の詳細につきましてご報告申し上げます。

事故発生時は担当教員の指導のもと学級を４グループに分け、理科室で三脚上のビーカーに入れた水をアルコールランプで熱して沸騰するまでの様子と温度変化を調べる実験中であり、児童は各グループテーブルで実験を進めていました。担当教員の指示で、テーブル上には三脚・アルコールランプ・マッチ箱・使用済みマッチ入れ缶・濡れタオル・温度計・記録ノート・筆記用具が場所を指定して整理して置いてあり、実験開始前に教員が確認しておりました。

実験が開始され、事故があったテーブルの一人の児童がビーカー内の水の温度を計るために温度計を差し入れた際、温度計がビーカーに触れて児童側にビーカーが倒れ、沸騰した湯がこの児童の手にかかったものです。教員はただちに児童の手を流水で冷やすとともに携帯電話で管理職に事故発生の連絡を入れ、養護教諭が対応しました。児童の症状から教頭が保護者ならびに受診可能な病院へ連絡して校長・養護教諭が引率し、受診しました。右手親指周辺の火傷で、全治1ヵ月との診断でした。

今回の事故を受け、学校として校長が改めて児童と保護者に謝罪するとともに、すべての児童が安全な環境のもとで安心して楽しく生活できる学校づくりに努めてまいります。

押さえるポイントと留意点

理科実験ではアルコールランプやガス、さまざまな薬品、器具を使用するなど危険を伴う場面が多くあります。安全確保のためには予備実験をはじめ、周到な事前の準備および実験中のきめ細かな観察と配慮が必要であり、事故防止の徹底に努めなければなりません。

ポイントは下記のようになります。

①実験のねらい、手順、器具の扱い、注意点などを板書で示して理解させ、正しく操作できるようにする。また、教員は必ず予備実験を行って危険の可能性を把握しておき、児童にも理解させておく。

②児童の実態や人間関係を考慮したグループ編成とし、話し合いや実験がリーダーを中心に円滑に進むようにする。学習中は常にすべての児童を視野に入れ、児童の安全を見守り、確保するとともに机上に出す実験・学習用具、置く位置を具体的に示し、整理させる。

③理科室経営として、実験器具の整理整頓、薬品類の適正な管理、実験器具の正しい扱い、学習の進め方やきまり等を理科室内に掲示し、常時児童の目に入るようにし、学習資料としても活用する。

④学習において発生しうる事故を想定し、救急要請を含め発生時の迅速かつ的確な治療措置・対応・連絡体制を具体的に明示する。

給食調理場からの出火

東京都府中市立府中第八中学校長　髙汐　康浩

➤ こんな時にはどんな説明・メッセージ？

学校の給食調理場から出火しました。初期消火が成功し、生徒、教職員の被害はありませんでしたが、消防に通報する事態となりました。そして、その後の教育活動を行わず生徒は下校することになりました。それを受け、保護者、地域にどのような知らせ（事情説明）を発信すればよいでしょうか。

説明・メッセージ文例

⑴　初期対応のメッセージ（メール・ライン等）

○月○日午前○時○分、本校１階の給食調理場から出火しました。状況としては、調理場内の調理釜から発火し、炎、黒煙が発生したため、直後に火災警報器が作動し、消防に通報しました。消防隊の到着前に教職員による初期消火により鎮火しました。全校生徒は学校北側の○○公園に避難しております。

現在のところ怪我、体調不良者はおりませんが、引き続き生徒の状況を詳細に把握してまいります。この後の教育活動については、午前○時までにお知らせいたします。

⑵　事後の詳細説明（プリント）：必要項目のみ

○月○日午前○時○分に発生した火災の詳細につきまして以下のとおりご報告します。（誌面の都合により詳細は略）

1 火災事故の概要

⑴発生場所　⑵発生日時　⑶被害状況と人的被害の有無

2 出火原因（文書発出時点で判明していることを記載する）

⑴火災の直接原因（物理的原因）

⑵火災が発生するまでの作業ミス（人的原因）

3 火災への対応
　⑴学校の対応　⑵関係機関の対応
4 当面の給食の代替措置について
5 再発防止策
　⑴学校が講じる再発防止策
　⑵教育委員会が講じる再発防止策
6 今後の予定
　⑴給食室復旧までの日程
　⑵給食再開日程

押さえるポイントと留意点

　火災は生徒、教職員の生命にかかわる可能性のある重大な事案になる場合があります。
　ポイントは以下のとおりです。

①表記における注意（初期対応メール、文書発出）
・事実を端的にわかりやすい表現で。
・感情を表現する文言は使わない（個人ではなく組織が発信する文書です。感情表現はその後にハレーションを起こしやすい）。
　例：「幸い生徒の怪我はない」「大変悲しいことではあるが…」等
・「想定外」「想定内」という文言は使わない。

②文書作成における注意
・迅速な対応が求められるため、起案は学校の管理職が行う。
・学校が発出する文書の決裁は校長が行うが、教育委員会事務局が十分関与する。
・文書を受け取る側（保護者）の立場に立ち、必要な情報を精査する。

③「学校事故対応に関する指針」（文部科学省）の内容の確認
・さまざまな事故発生に備えるための指針であるので、機会を捉えて全教職員で内容を確認しておく。
・重大事案の場合は本指針を基に対応等を進めることになる。

爆破予告

東京都府中市立府中第八中学校長　高汐　康浩

➤ こんな時にはどんな説明・メッセージ？

「学校内の複数個所に、圧力釜を利用した爆弾を仕掛け爆破する」という内容のファクシミリが届きました。出勤した職員がそのファクシミリを確認し、副校長に報告しました。このことを受け、保護者、地域にどのような知らせ（事情説明）を発信すればよいでしょうか。

■ 説明・メッセージ文例

⑴　初期対応のメッセージ（メール・ライン等）

本日、午前○時○分に、本校宛に危害を加える主旨の内容のファクシミリが届いたため、午前○時○分に副校長が110番通報するとともに、同時刻に校長が教育委員会に報告しました。ファクシミリの内容は以下のとおりです。

〔ファクシミリの内容〕

「学校内の複数個所に、圧力釜を利用した爆弾を仕掛け爆破する」

この後、警察による爆発物の有無、危険の有無等の確認、関係機関、学校による市危機管理マニュアル、学校の危機管理マニュアルに従い校地、校舎の安全確認を行います。

安全確認の状況等については、およそ2時間ごとにお知らせします。教育活動の開始の日時につきましては決まり次第お知らせします。

⑵　事後の詳細説明（プリント）：必要項目のみ

○月○日午前○時○分に本校宛に届いた爆破予告のファクシミリに係る事案の詳細につきまして以下のとおりご報告します。（誌面の都合により詳細は略）

1 事案の概要

⑴発生場所　⑵発生日時　⑶被害状況と人的被害の有無

2 事案への対応

⑴学校の対応

⑵警察の対応

⑶教育委員会の対応

3 今後の予定等

⑴教育活動開始の日程

⑵保護者、生徒向け相談窓口の設置

押さえるポイントと留意点

爆破予告は生徒、教職員に生命にかかわる事案であるとともに、その後も大きな不安を残す重大な事態です。

ポイントは以下のとおりです。

①表記における注意（初期対応メール、文書発出）

・事実を端的にわかりやすい表現で。

・不確定な内容は載せない。

例：「爆発物は発見されていない」「警察が捜査中だが爆発物はないと思われる」等

②文書作成における注意

・迅速な対応が求められるため、起案は学校の管理職が行う。

・学校が発出する文書の決裁は校長が行うが、教育委員会事務局が十分関与する。

・文書を受け取る側（保護者）の立場に立ち、必要な情報を精査する。

・教育活動開始の文書を発出する際は、「事後の詳細説明」の2の⑵警察の対応に、警察の捜査の結果を詳細に記述し、⑶教育員会の対応に、教育委員会の判断を必ず記載する。

③「学校事故対応に関する指針（文部科学省）」の内容の確認

・さまざまな事故発生に備えるための指針であるので、機会を捉えて全教職員で内容を確認しておく。

・重大事案の場合は本指針を基に対応等を進めることになる。

Ｊアラート

東京都府中市立府中第八中学校長　髙汐　康浩

➤ こんな時にはどんな説明・メッセージ？

市の防災行政無線等で「ミサイル発射。ミサイル発射。ミサイルが発射されたものとみられます。建物の中、または地下に避難してください」という内容のＪアラートによる情報伝達がありました。学校の危機管理マニュアルに従い生徒、教職員は避難行動を起こしました。このことを受け、保護者、地域にどのような知らせ（事情説明）を発信すればよいでしょうか。

説明・メッセージ文例

⑴　初期対応のメッセージ（メール・ライン等）

本日、午前○時○分（○校時の授業中）に、Ｊアラートによる情報伝達がありました。Ｊアラートの内容は以下のとおりです。

〔ファクシミリの内容〕

「ミサイル発射。ミサイル発射。ミサイルが発射されたものとみられます。建物の中、または地下に避難してください」

直後に、校内放送等で全教職員、生徒に避難指示を行い、学校の危機管理マニュアルに従い、地下の屋内運動場（アリーナ）に全生徒、教職員が避難しました。避難後の人員点呼で、全生徒、全教職員が避難したことを確認しました。この後の学校の状況、教育活動等については15分ごとにお知らせします。

⑵　事後の詳細説明（プリント）：必要項目のみ

○月○日、午前○時○分のＪアラートによる情報伝達と対応の詳細につきまして以下のとおりご報告します。（誌面の都合により詳細は略）

1 事案の概要

⑴発生日時　⑵被害状況と人的被害の有無

2 事案への対応
〔文例〕
午前〇時〇分に、市の防災行政無線、テレビ等で「ミサイルが〇〇海に落下した」ことを政府が発表しました。市教育委員会からの指示を受け、当日の学校の教育活動を午前〇時に再開しました。学校の危機管理マニュアルに従い、本日、事後の安全点検を実施します。
3 その他
・内閣官房国民保護ポータルサイトについて
・保護者、生徒向け相談窓口の設置について

押さえるポイントと留意点

Ｊアラートは生徒、教職員に生命にかかわる事案であるとともに、その後も大きな不安を残す重大な事態です。
ポイントは以下のとおりです。
①表記における注意（初期対応メール、文書発出）
・事実を端的にわかりやすい表現で。
・不安を煽る不確定な内容は載せない。
例：「今後もミサイルが発射されるかもしれない」等
②文書作成における注意
・迅速な対応が求められるため、起案は学校の管理職が行う。
・学校が発出する文書の決裁は校長が行うが、教育委員会事務局が十分関与する。
・「内閣官房　国民保護ポータルサイト」について必ず触れる。
・文書を受け取る側（保護者）の立場に立ち、必要な情報を精査する。
③「内閣官房　国民保護ポータルサイト」の確認
・国民保護に関する内容について、機会を捉えて全教職員で確認しておく。

内閣官房　国民保護ポータルサイト

2章

教育活動に
関するメッセージ・
説明文例と留意点

入学式

東京都北区立堀船小学校長　松本　麻巳

➤ こんな時にはどんな説明・メッセージ？

新型コロナウイルスが５類扱いとなったことで、学校はさまざまな行事を再開しています。入学式再開に当たっての通知としてどのような知らせを保護者、地域に発信すればよいでしょうか。

説明・メッセージ文例

⑴　入学式について

入学式を実施する際には、地域の感染状況に応じて、こまめな換気を実施する等の基本的な感染症対策を徹底するとともに、参加人数を抑えたり、式全体の時間を短縮したりするなど、開催方式の工夫を講じる必要があります。

保護者、地域への通知はその旨をていねいに周知しなければなりません。

また、入学式の周知については、入学前に実施する「入学説明会（新１年生保護者会）」等、保護者が来校する機会や場面が限られているため、ホームページの活用等、周知方法の工夫も必要です。

⑵　保護者の方へのお願い

●入学式に参加される保護者・地域の皆様へ

保護者の皆様、この度は、お子様のご入学　誠におめでとうございます。心よりお祝い申し上げます。

なお、地域の感染状況を踏まえ、入学式にご参加の際は、次の点にご留意いただきますようお願い申し上げます。

○参加人数は、各ご家庭、２名様まででお願いします。なお、式の様子はオンライン配信でもご覧いただけます。

○風邪症状のある方は、参加をお控えください。

○会場は、アルコール消毒薬を設置し、こまめな換気を実施しております。お隣の方とは間隔を開け、マスクの着用や咳エチケットにご協力をお願いします。

○時間短縮のため、式の内容を精選しております。式辞、祝辞は書面にてお知らせいたします。また、在校生のメッセージやお祝いの演奏は、オンラインで実施いたします。

○式後の記念撮影と教室への付き添いは、保護者の方１名でお願いいたします。

押さえるポイントと留意点

ポイントは下記のようになります。

①風邪症状のある方には参加をしないよう徹底。

②参加者への手洗いやマスクの着用を含む咳エチケットの推奨。

③アルコール消毒薬の設置、こまめな換気の実施など。

④会場の椅子の間隔を空けるなど参加者間の身体的距離の確保。

⑤会場の収容人数による、保護者、在校生の参加人数の制限。

⑥式典内容の精選とICTを活用した対面とオンラインのハイブリット（参加者の一部は別会場にて、ウェブ会議システム等で双方向のやりとりを行ったり、式の様子を視聴したりする）など。

全校遠足（社会科見学）

東京都北区立堀船小学校長　松本　麻巳

➤ こんな時にはどんな説明・メッセージ？

新型コロナウイルスが５類扱いとなったことで、学校はさまざまな行事を再開しています。全校遠足実施に当たっての通知としてどのような知らせを保護者に発信すればよいでしょうか。

■ 説明・メッセージ文例

⑴　全校遠足（社会科見学）について

全校遠足や社会科見学を実施する際には、学校・地域の感染状況に応じて、参加する児童・生徒や同居家族についての健康観察を十分に行い、児童・生徒に風邪症状がないことを確認する必要があります。

また、公共交通機関を利用する際には、分散して乗車することやマスクを着用し、会話を控えめにするなど他の乗客への配慮が必要となります。

貸し切りバスを利用する場合は、車内の換気、乗降時のアルコール消毒にも留意します。

到着場所での活動や見学、昼食時についても、手洗いや咳エチケットの感染症対策を徹底します。

⑵　保護者の方へのお願い

●全校遠足（社会科見学）の実施についてのお知らせ

保護者の皆様におかれましては、日頃より、学校の教育活動にご理解とご協力をいただきましてありがとうございます。

さて○月○日に実施予定の全校遠足（社会科見学）につきまして、次の点にご留意いただきますようお願い申し上げます。

○前日から児童・生徒の健康観察を十分に行っていただき、当日、風邪症状のある場合は、参加をお控えください。

○移動中や移動先では、換気に留意し、会話を控えることもあります。手指消毒、マスクの着用、手洗い、咳エチケットの感染症対策にご理解とご協力をお願いします。

押さえるポイントと留意点

ポイントは下記のようになります。

①前日・当日に本人や同居家族の健康観察を十分に行い、児童・生徒に風邪症状がある場合は欠席するように通知する。

②児童・生徒や同居する家族等の健康観察も徹底したうえで、「旅行関連業における新型コロナウイルス対応ガイドラインに基づく国内修学旅行の手引き」（一般社団法人日本旅行業協会等作成）等を参考にしつつ、旅行事業者等と連携して、それぞれの実情に応じて実施する。

③公共交通機関や貸し切りバス等による移動に際して、車内の換気に十分留意し、マスクを着用することを周知する。

④到着先での活動や見学、昼食時についても、手洗いや咳エチケットの感染症対策を徹底することを知らせる。

運動会
（体育祭、体育学習発表会）

東京都北区立堀船小学校長　松本　麻巳

➤ こんな時にはどんな説明・メッセージ？

新型コロナウイルスが５類扱いとなったことで、学校はさまざまな行事を再開しています。運動会（体育祭、体育学習発表会）実施に当たっての通知としてどのような知らせを保護者、地域に発信すればよいでしょうか。

■ 説明・メッセージ文例

⑴　運動会（体育祭、体育学習発表会）について

運動会等の実施に当たっては、三つの密を避けるよう、実施内容や方法を工夫する必要があります（半日での開催、学年ごとの実施等）。

とくに児童・生徒が密集する運動や、児童・生徒が近距離で組み合ったり接触したりする場面が多い運動については、地域の感染状況を踏まえ、安全な実施が困難である場合は、実施を見合わせることも考えられます。

また、開会式・閉会式での児童・生徒の整列、児童・生徒による応援、児童・生徒や保護者が昼食をとる場所等についても、手洗いや咳エチケットの感染症対策を徹底します。

⑵　保護者の方へのお願い

●運動会（体育祭、体育学習発表会）の実施について

保護者の皆様におかれましては、日頃より、学校の教育活動にご理解とご協力をいただきましてありがとうございます。

さて○月○日に実施予定の運動会（体育祭、体育学習発表会）につきまして、次の点にご留意いただきますようお願い申し上げます。

○事前から児童・生徒の健康管理・健康観察を十分に行っていただき、

当日、風邪症状や体調不良のある場合は、参加をお控えください。
○保護者の方も、ご自宅で検温をしていただき、発熱や体調が悪い方は参観をご遠慮ください。
○競技学年の児童・生徒の保護者の方は、競技している時のみ、保護者席でご参観できます（競技学年の保護者の方以外は保護者席には入れません）。競技中は譲り合ってご参観ください。

押さえるポイントと留意点

ポイントは下記のようになります。

①運動会等の実施に当たっては、三つの密を避ける。
②とくに児童・生徒が密集する運動や、児童・生徒が近距離で組み合ったり接触したりする場面が多い運動については、実施を見合わせる場合がある。
③開会式・閉会式での整列や行進、児童・生徒による応援、保護者等の参観、児童・生徒が昼食をとる場所等についても、一度に大人数が集まって人が密集しないような工夫をするとともに、保護者等に対しても手洗いや咳エチケット等の基本的な感染症対策を徹底する。
④なお、近年は運動会開催にあたって熱中症対策について知らせることも必要となっています。開催にあたっての熱中症対策として、
○時間の短縮（午前中）
○児童・生徒の観覧席へのテント設置
○こまめな水分補給
○保護者の水分補給、体調悪化時の救護室の案内
をお知らせすることも大切です。

水泳の授業

千葉県千葉市立さつきが丘中学校長　今井　功

➤ こんな時にはどんな説明・メッセージ？

新型コロナウイルスが５類扱いとなったことで、学校はさまざまな行事を再開しています。水泳の授業開始にあたっての通知として、どのような知らせを保護者、地域に発信すればよいでしょうか。

説明・メッセージ文例

⑴　水泳授業について

水泳の授業は全身の調和的発達をめざすには効果的な運動です。しかし、プールでの水泳の授業は、生死や感染にかかわります。文書を発行する際には、この点を文書には入れておかなくてはなりません。

さらに、文書のなかに水泳授業の参加承諾書（同意書）を入れ、保護者の承諾書を回収しておく必要があります。

⑵　文例

○月○日より水泳学習を実施いたします。つきましては、下記の事項を参考に水泳指導参加同意書を○月○日までに学級担任までご提出くださいますようお願い申し上げます。

なお、水泳は全身の調和的発達をめざすには効果的な運動ですが、一方で、生死にかかわる危険を伴います。水泳指導は職員が万全を期して行いますが、実施にあたり身体の不調等ご心配がありましたら、事前に担任または、養護教諭にご相談ください。

記

1. 水泳指導参加同意書は必ず保護者が記入してください。
2. 次の事項に該当する方は、医師と相談してください。

①耳の病気、目の病気、または症状のある者

②以前、大病をしたことのある者

③慢性の病気がある者
④伝染病のある者
⑤伝染性皮膚疾患、けいれん性疾患のある者
⑥その他、主治医より不適当と指示があった者

………………………………　きりとり　………………………………

令和○年○月○日

○○市立○○○学校
校長　○○　○○様

水泳指導参加同意書

あてはまる番号の（　　）に○印をつけてください。

1　水泳指導に参加します。　（　　）
2　今年の水泳指導は参加できません。　（　　）
3　当分の間、水泳指導を見学します。　（　　）

2、3の場合の理由

○年○組○番生徒氏名＿＿＿＿＿＿＿＿＿＿

保護者氏名＿＿＿＿＿＿＿＿＿＿印

押さえるポイントと留意点

水泳の授業は生死や感染にかかわりますので、ポイントは下記のようになります。

①参加同意書は保護者が必ず記載するよう促します。
②生死や感染に係る病気がある場合には、医師との相談を促します。
③参加できない場合の理由を把握しておく必要があります。参加できない場合の評価の方法を打ち合わせておく必要があります。
④なお、近年の早い時期より暑い日が続く状況から、水泳授業開始にあたって熱中症対策についてもふれておくことが望まれます。

夏休み中の水泳学習

前東京都八王子市立浅川小学校長　清水　弘美

➤こんな時にはどんな説明・メッセージ？

新型コロナウイルスが５類扱いとなったことで、学校はさまざまな行事を再開しています。夏休み中の水泳学習にあたっての通知として、どのような知らせを保護者、地域に発信すればいいでしょうか。

説明・メッセージ文例

夏休みが近づきました。新型コロナが５類扱いとなったことで、今年度は下記のとおり夏季水泳指導を実施いたします。

暑くなると毎年必ず水の事故が起きます。小学生や中学生などが命を落とすニュースを聞くのはとても辛いことです。

とはいえ、川や海など水のあるところで子どもたちが遊びたいのは当然のことです。大人と一緒に遊ぶことは学校では指導しているところですが、大人が近くにいても、水にさらわれることや、いきなり深みにはまることもあります。そんな時、パニックになることが一番危険です。いざという時に落ち着いて行動できるようにするためには、うまくなくても速くなくても構いませんが、水の中でパニックにならず、助けがくるまで浮いていられるという自信を持てるだけの泳力が必要です。

夏休み中は泳力を伸ばすチャンスです。泳力は水に入る回数を重ねて慣れることが効果的なので、指導予定を見ながらできるだけお休みしないで練習に来てください。

また、安全管理をしているプールとはいえ水泳の指導は命にかかわることもあります。必ず体調を整えて参加しましょう。まず、前の日はしっかり寝て、朝ご飯を食べます。新型コロナは５類になったとはいえ、熱や体のだるさなど体調の悪いところはないことを確認して参加しましょう。

残念ながら天候不順や晴れていても暑すぎる日は入れません。暑さ指数（WBGT）によって朝から中止の判断もありますし、雷雨などで途中で急遽終了することもあります。その場合は、朝は○時までに、途中の場合は随時メールでお知らせします。

いつもとは違う登下校の形になります。できるだけ人通りの多い道を選ぶなど、登下校では安全に気を付けて参加してください。

押さえるポイントと留意点

夏休み中の水泳指導は、子どもたちの泳力を伸ばす貴重な体験活動です。少なくとも自分の命を自分で守るためには泳力は必須のものです。たくさんの子どもたちに泳ぐ体験をさせられるように、保護者に理解を求めましょう。

①泳力は命を守るために必要なものであること

毎年必ずニュースになるのが水の事故です。保護者が付いていても流されてしまうこともあります。とはいえ、浮いていることができれば助かることも多いのですから、なによりも水を怖がらず、落ち着いて浮いていられるだけの泳力をつけることが必要です。命を守るための指導なのだということをしっかりと伝えましょう。

②水泳指導に参加するときは体調管理をしっかりとすること

水泳指導は教員が安全管理に気を配って行っているものの、水中で本人の意識がなくなったら気づくのが遅れてしまいます。睡眠と食事をしっかりとること、発熱やだるさなどの体調不良の時は無理をしないことなどをお願いしておきます。

③天候等によって水泳指導の有無や時間変更があるので、常に学校からの連絡に気を配り、安全に子どもを登下校させること

通常の登下校と異なり、時間が不定期になりがちです。帰宅しても家に入れないなどということがないように保護者に情報提供を行うので、保護者の確認もお願いしておきます。また、事故や事件に巻き込まれることのないように、改めて注意喚起をしておきましょう。

持久走大会

東京都葛飾区立柴又小学校長　木間　東平

➤ こんな時にはどんな説明・メッセージ？

新型コロナウイルスが５類扱いとなったことで、学校はさまざまな行事を再開しています。持久走大会にあたっての通知として、どのような知らせを保護者、地域に発信すればよいでしょうか。

■ 説明・メッセージ文例

(1)　持久走大会のお知らせ

日頃より、本校の教育活動にご理解、ご協力をいただきありがとうございます。

さて、本校では、体力づくりの一環として、毎年持久走大会を実施しております。現在は、休み時間や体育授業において、持久走練習にも取り組んでいます。今年度も、下記のとおり持久走大会を実施いたします。保護者の皆様には、大会当日は、沿道からの観覧・声援をお願いいたします。なお、芝生公園内には、学校関係者以外は入れませんのでご了承ください（以下、項目とポイントのみ示す）。

1. ねらい　　体力づくりの一環として
2. 大会日時　令和○年○月○日（○）○：○○〜○：○○
（雨天の場合は、○月○日（○）同時刻に延期）
スタート順　○年から
※各学年とも男子→女子の順
（男子の30秒後に女子がスタート）
3. 大会場所　○○○○芝生公園
4. 距離　　1・2年生：900m
3・4年生：1200m
5・6年生：1500m

5. 服装・持ち物　体育着・紅白帽・履き慣れた運動靴・汗ふきタオル・敷物・水筒、必要に応じて上着およびズボン、マスク
6. お願い　下記⑵保護者の方へのお願いに記載

⑵　保護者の方へのお願い

持久走は、体力づくりの一環として行うものですが、お子さんの体調には十分配慮して実施していきます。学校では、前日に校医による事前健康診断を全児童に行い、校医の許可のもと実施しています。保護者の皆様にも、以下の点につきまして十分ご留意ください。

①前日は十分な睡眠をとり、当日は必ず朝食をとることと、排便をしてくることをご確認ください。

②当日の朝は、検温と健康観察を行い、参加承諾書に記入のうえ、児童に持たせてください。無理して参加させないようにお願いします。

③防犯上、芝生公園内には学校関係者以外入れませんので、ご理解ください。また、沿道での児童の声援とともに、見守りも合わせてお願いします。もし、不審なことがありましたら、本校教職員にただちにお知らせください。

④お子さんに配慮を必要とする場合は、連絡帳で個別にご連絡ください。

押さえるポイントと留意点

①持久走大会は、冬の季節に実施されることから、インフルエンザなどの感染症への配慮も必要となります。大会前日等の学校の欠席状況から、適切に大会の実施を判断することが求められます。見学のことを考え、上着等の持参も大切になります。

②校外に出ての大会実施にあたっては、会場までの交通誘導の安全体制、会場での防犯体制についても、保護者にも協力を求め、安全な実施を進める必要があります。

③コロナ禍で児童の体力が低下傾向にあることを考慮し、今までの距離を見直し、適切な距離に縮めていくことも検討するべきです。

文化的行事（音楽会、学芸会、学習発表会）

東京都練馬区立大泉中学校長　新村　紀昭

➤ こんな時にはどんな説明・メッセージ？

新型コロナウイルスが５類扱いとなったことで、学校はさまざまな行事を再開しています。文化的行事（音楽会、学芸会、学習発表会）開催にあたっての通知として、どのような知らせを保護者、地域に発信すればよいでしょうか。

説明・メッセージ文例

⑴　合唱コンクールの開催について

日頃より本校の教育活動にご理解とご協力をいただき、感謝申し上げます。さて、新型コロナウイルスも５類扱いとなり、今年度は感染症対策を講じながら、合唱コンクールを○○市民文化センターにおいて実施いたします。保護者・来賓の皆様におかれましては合唱コンクールを成功させるために、下記の点についてご協力をお願いいたします。

⑵　保護者の方へのお願い

①新型コロナウイルス感染症予防のため、検温や健康観察等を行っていただき、体調がすぐれない場合は参観をご遠慮ください。

②ご来場の際には「プログラム」と「入校証」をお持ちください。また、マスクの着用にご協力ください。

③保護者入場の○時○分になりましたら、館内１階ロビーにて受付を行います。受付の学年毎の名簿にご記入をお願いします。午後の部は○時をめどに受付を行う予定です。

④保護者席は、ホール２階、３階席です。２階席は発表学年を優先し入れ替え制とします。また、午前の部終了後、客席の入れ替えを行います。荷物をすべてお持ちになり、いったんホール外に移動してくださ

い。座席の忘れ物等は撤去しますので、荷物などを置いての席取りはご遠慮ください。
⑤演奏中にホールを出入りすることはできません。また演奏中に席を立たないようにお願いします。
⑥各学級への拍手は自由曲終了後にお願いいたします。
⑦個人情報の保護のため、写真撮影・ビデオ撮影等はご遠慮ください。
⑧準備や生徒の入場が遅れると時程が遅れることがあります。
⑨保護者の皆様のホール内での飲食はできません。周辺の飲食店か、公園内をご利用ください。
⑩新型コロナウイルス感染症の状況等によっては、プログラムの変更や公開中止になる場合がございます。

■ 押さえるポイントと留意点

合唱コンクール等を学校外で実施する際は、会場の規模や感染症の状況に応じて参観者の入場制限を設けるなど、会場での混乱を避けるため、事前に適切な協力要請をしていくことが重要です。
①受付は生徒名簿に印を付けるなど簡便に来場者が把握できるようにする。
②保護者席の入れ替えは、場内アナウンスとともに、PTA等に協力を要請し、混乱なく円滑に入れ替えができるようにする。
③感染症の拡大等の理由でプログラムを変更する場合には、学校ホームページや緊急連絡メールなどを活用して、前日までに保護者へ知らせる旨を事前に通知する。
④感染症拡大で学級閉鎖のため参加できない学級・学年が出た場合、後日、学校の体育館等で当該学年の発表会を当該学年の保護者も招いて実施する、不参加学級等には、記録用に録画した学校のビデオを鑑賞させる等の配慮を行う。
⑤写真撮影・ビデオ撮影を許可する場合は、フラッシュ撮影や三脚等の使用禁止、シャッター音が発生しない配慮を求めるともに、個人情報保護のため、他人への譲渡、インターネット等への投稿、掲載をしないよう協力を求める。

学校公開（授業参観）

東京都練馬区立大泉中学校長　新村　紀昭

➤こんな時にはどんな説明・メッセージ？

新型コロナウイルスが５類扱いとなったことで、学校はさまざまな行事を再開しています。学校公開（授業参観）開催にあたっての通知としてどのような知らせを保護者、地域に発信すればよいでしょうか。

説明・メッセージ文例

⑴　学校公開（授業参観）の実施について

日頃より本校の教育活動にご理解とご協力をいただき、感謝申し上げます。

さて、新型コロナウイルスも５類扱いとなり、学校ではさまざまな教育活動を再開しています。そこで、学校公開につきましても、新型コロナウイルス感染症予防対策をとったうえで、実施いたします。つきましては、お子様の学習活動の様子等をぜひご覧いいただきたくご案内申し上げます。

⑵　保護者の方へのお願い

①ご来校の際には、東昇降口にある受付を必ず通ってご参観ください。なお、受付にアンケートを用意しておりますので、アンケートへのご協力をお願いいたします。

②新型コロナウイルス感染症予防のため、検温や健康観察等を行っていただき、体調が優れない場合の参観は見合わせてください。

③校舎内でのマスク着用、手洗いの励行のご協力をお願いします。

④休み時間中の生徒との接触、廊下からのお声掛け等は、ご遠慮ください。

⑤授業等の支障にならないよう、携帯電話等の電源を切るなど参観中はご静粛にお願いします。

⑥駐輪場・駐車場はございません。自転車・自動車でのご来校はご遠慮ください。
⑦校内での飲食（飴やガムを含む）はご遠慮ください。
⑧上履きと下足を入れる袋をご持参ください。
⑨保護者同伴以外の未成年者の方の参観はご遠慮ください。
⑩今後の新型コロナウイルス感染症の状況等によっては、授業の変更や公開中止になる場合がございます。

■押さえるポイントと留意点

学校公開については、保護者、地域関係者、中学校では次年度入学予定の小学校６年生の児童・保護者など、実施時期によっては来校者が多数になることが予測されます。

５類移行後も引き続き感染症対策を講じて安全・安心に実施するためのポイントは下記のようになります。

①受付に保護者向けには在校生名簿、地域関係者や小学生保護者用に来校者用個票を準備し、来校者を把握する。
②各教室内での参観も可能とするが、マスク着用についての協力を廊下での掲示物などで呼びかける。教室の出入り口や窓を開放し十分な換気に努める。サーキュレータなどがあれば活用する。
③状況によっては、在校生保護者と学校評議員、小学校保護者関係者に限定し、廊下からの参観に制限して公開する。
④また、大規模校においては、在校生保護者を奇数と偶数クラスに分け、分散による参観にするなど、校内への入場者を制限して実施する。
⑤ICT 環境が整っていれば、状況に応じて、対面とオンラインとのハイブリッド方式により実施し、来校できない保護者が視聴できるように配慮することも考えられる。
⑥学校公開に併せて道徳授業地区公開講座等を開催し、外部講師を招へいして講演会等を実施する場合は、保護者等が別会場で参観できるよう、オンラインを活用して実施する。

個人面談（三者面談）

東京都練馬区立大泉中学校長　新村　紀昭

➤ こんな時にはどんな説明・メッセージ？

新型コロナウイルスが５類扱いとなったことで、学校はさまざまな行事を再開しています。個人面談開催にあたっての通知としてどのような知らせを保護者、地域に発信すればよいでしょうか。

■ 説明・メッセージ文例

⑴　個人面談の実施について

日頃より本校の教育活動にご理解とご協力をいただき感謝申し上げます。

さて、新型コロナウイルスも５類扱いとなり、学校ではさまざまな教育活動を再開しています。そこで、三者面談につきましても、新型コロナウイルス感染症予防対策をとったうえで、夏季休業期間を利用して実施いたします。

この三者面談の目的は、１学期までの学校生活を、生徒本人、保護者、担任の三者で振り返り、夏休みの過ごし方や夏休み明けの学校生活、また生徒本人の今後の進路について考える大切な機会とすることです。

つきましては、各学級より配付される面談希望調査に必要事項をご記入のうえ、○月○日までにご提出いただきますようご協力をお願いします。

⑵　保護者の方へのお願い

①詳しい日程や実施時間帯については、面談希望調査に基づき、各担任が設定します。担任からの通知でお確かめください。

②学校に入られる際は、マスクの着用や手洗い等、感染防止に関する取り組みへのご協力をお願いします。

③感染症予防対策として、控え室の準備はいたしません。各教室前に椅

子を準備しますので、面談予定時間の５分前にお越しください。
④教室内は新型コロナウイルス感染症予防対策をとったうえで実施します。また、教室入り口に消毒液を設置しますのでご利用ください。
⑤面談当日、体調がすぐれないときはご連絡ください。面談日程を再調整いたします。
⑥担任が体調不良等で面談を行えない場合は、各学級の副担任等が面談を実施する場合もございます。あらかじめご了承ください。
⑦自転車等での来校および周辺道路への駐輪は、児童・生徒の下校や歩行者、車いすの方の安全に支障をきたしますので、ご遠慮ください。
⑧上履き、下履き用の袋をご用意ください。下履きは袋に入れて各自お持ちください

押さえるポイントと留意点

個人面談は、直接対面することで情報共有等のほか、親子関係を知る重要な機会ですが、感染症への不安を低減し安心感を与えることが大切です。

以下、そのポイントを示します。

①教室内の感染症予防対策として、窓を開けての換気の徹底、保護者と教員間の座席の適切な距離の確保、教員のマスク着用を徹底する。
②換気の徹底について、プライバシー保護のため教室前後のドアは閉めるが、外側と廊下側の窓の一部を開けて換気する。併せて、サーキュレータ等があれば活用する。
③面談の時間を厳守し、生徒・保護者同士の接触が避けられるようにする。
④控室を準備する場合は、手指消毒や換気の徹底、マスク着用の協力を要請する。
⑤５類になったことで、対面式の個人面談を基本とするが、家庭の事情や保護者の要請があれば、オンラインによる個人面談も選択肢のなかに入れておく必要がある。

卒業式

東京都杉並区立高円寺学園長　田中　稔

➤ こんな時にはどんな説明・メッセージ？

新型コロナウイルスが５類扱いとなったことで、学校はさまざまな行事を再開しています。卒業式開催にあたっての通知として、どのような知らせを保護者、地域に発信すればよいでしょうか。

説明・メッセージ文例

立春の候、皆様におかれましては、ますますご清栄のこととお慶び申し上げます。お子様が小学校の全教育課程を修了し、晴れて卒業の日を迎えられますことを、心よりお慶び申し上げます。

つきましては下記のとおり、令和○年度第○回卒業式を挙行いたします。ぜひご出席いただき、晴れの姿を見守っていただきたく、ご案内申し上げます。

なお、この数年間、新型コロナウイルス感染症の流行により、さまざまな制限や配慮事項を設けて卒業式等を実施してまいりました。感染症の流行状況は、現在、落ち着いておりますが、この数年で得た感染症対策についての知見を生かし、卒業式を挙行してまいりたいと存じます。皆様におかれましては、ご理解、ご協力の程、よろしくお願い申し上げます。

記

1　日時　　令和○年○月○日○曜日　午前○時開式
　（保護者の皆様は、○時○分までに式場にお入りください）
2　式場　　本学園大アリーナ
3　式の流れ（省略）
4　保護者の皆様へのお願い（下記(1)〜(7)を参照）　　以上

問い合わせ先　副校長○○○○　電話○○○－○○○○

〈保護者へのお願い〉

⑴　現在、学校生活でのマスクの着用については、児童の意思を尊重しております。今回の式典では、互いの成長を認め合うという目標を踏まえ、マスクを外して参加する旨、働きかけております。

⑵　式場内の座席数等の関係で、式の参列は各家庭２名までに制限させていただきます（乳幼児は膝の上にお願いいたします）。

⑶　当日はご自宅で体温を計測し、健康状態を確認したうえでご来園ください。発熱に限らず、咽頭痛や、咳など普段と異なる症状のある方のご来校はできるだけお控えください。

⑷　入場は、児童用の昇降口をご利用ください。また、入場の際にはサーモメーターによる検温と手指の消毒にご協力ください。

⑸　開式の際には、携帯電話の電源はお切りになるか、マナーモードに切り替えるようお願いいたします。また、撮影は周りの方に迷惑がかからぬよう、ご注意ください。

⑹　撮影した児童の写真・映像を、SNS等にアップロードしないよう、よろしくお願いいたします。

⑺　感染症の急な流行や災害の発生等により、式典開催に急な変更が生じる場合も考えられます。その際には至急ご連絡いたします。

押さえるポイントと留意点

①数年間の新型コロナウイルス感染症の流行により、社会全体として、感染症防止に向けた意識は向上しています。会場に入る際の検温や手指の消毒を実施するなど、実情に応じた対策は継続し、そのことについて理解を得るようにしましょう。

②新型コロナウイルス感染症の流行が長期に及んだ影響で、心理的要因等、さまざまな事情によりマスクを外せない児童・生徒がどの学校にも在籍しています。着脱を強いることをしていないこともあわせて周知しましょう。

③その他、保護者の撮影した記念写真のSNSへの投稿など、卒業式において生じる可能性のある課題・問題等については、後でのトラブルを回避するためにできるだけ、事前に周知しましょう。

校外学習のお手伝い

東京都杉並区立高円寺学園長　田中　稔

➤ こんな時にはどんな説明・メッセージ？

保護者に校外学習のお手伝い参加を求めるために、どのような通知を出していけばよいでしょうか。

■ 説明・メッセージ文例

保護者の皆様に年度当初にご案内させていただいております、校外学習「まち探検」を下記のとおり実施いたします。つきましては、地域で行うグループ別行動にご同行いただける方（以下、「付添ボランティア」）を募集いたします。保護者の皆様にご協力いただくことで、お子様の交通事故、不審者被害等の防止につながり、安心・安全な学習活動とすることができます。

ご多用のところ恐縮ですが、お子様の活動を知るよい機会にもなりますので、何卒、お力添えいただきますようお願いいたします。

1　学習の目的（「総合的な学習の時間」の教育活動として実施）

○児童一人ひとりが設定した○○の街についての探究課題を解決するため、実際、現地に出向き情報収集を行う。

○児童一人ひとりが、グループ単位で現地での情報収集活動を行うなかで、新たな課題を見付け出す。

2　実施日時　令和○年○月○日（○）午後○時○分～○時

○付添ボランティアの方の集合時間　午後○時○分

○雨天の場合は、翌日（○日○曜日）に順延となります。

3　付添ボランティアの方にお願いする主な役割

○グループ別行動に同行し、児童の安心・安全を確保すること。

○児童に事故等が生じた際に学校にご連絡いただくこと、等。

4　募集人数　各学級10名前後

5　応募方法　○月○日（○）までに別紙「ボランティア承諾書」を学級担任にご提出ください。

6　その他

○本活動はPTA加入保険の適応外となります。ボランティア活動中の怪我等は、保護者負担となりますことをご承知ください。

○ご協力いただける方の事前打ち合わせを○月○日（○）午後○時より行います。詳細は、その際にご連絡いたします。

○ご質問等ございましたら、下記担当者までご連絡ください。

押さえるポイントと留意点

学校で行われる教育活動に関して保護者に協力を求める場面は多々あります。また、新学習指導要領でも、自校の教育目標を達成するために、家庭や地域社会との連携および協働を進めることの大切さが示されています。

しかし、実施日の直前に依頼をすると人数確保がむずかしかったり、不満の声があがったりします。年度当初に、保護者にお手伝いいただきたい行事とその内容を一覧表形式で示しておくと、保護者が見通しを持ち応募できます。個別に応援を募る際には、余裕をもって通知することが必要です。また、校外学習の引率手伝いについては、「交通事故」「熱中症」「落雷・荒天」対策などの安全管理も手伝い内容に含まれます。それらすべてを１枚の通知で説明し尽くすことができないため、詳細を伝えるための打ち合わせの機会も設定しておく必要もあります。

ポイントは下記のようになります。

①通知は、活動の全体像や保護者ボランティアの必要性が伝わるものとします。不明点を問い合わせる先も具体的に示します。

②保護者が活動中に怪我等をした場合の補償については、自治体が一括して保険に加入している場合があります。事故が発生した時のために、補償等の有無について可能な限り記載します。

③事前の打ち合わせの実施日時を記載します。通知だけでは、安全管理事項や注意点を十分に記載することができません。通知では概要を伝え、詳細は、打ち合わせ等の場で直接伝えます。

教育活動へのボランティア

東京都杉並区立高円寺学園長　田中　稔

➤ こんな時にはどんな説明・メッセージ？

地域の方に教育活動へのボランティア活動をお願いするためには、どのような知らせを発信すればよいのでしょうか。

■ 説明・メッセージ文例

本校は、家庭、地域社会とともに児童を育てていくという視点に立ち、さまざまなご経験や知識等を有する地域の皆様と連携・協働したさまざまな学習活動を進めています。つきましては、本年度も、下記のとおり、それらの学習にお力添えをいただくボランティアの方（以下「地域ボランティア」）を募集いたします。ご多忙のなかとは存じますが、ご応募いただき、本校の教育の発展・充実に向け、ご支援・ご協力の程、よろしくお願い申し上げます。

記

1　ご協力いただきたい教育活動

学年等	学習活動名	時期	主な内容
全学年	図書読み聞かせ	通年	始業前での読み聞かせ
全学年	基礎学力を付ける	通年	算数・国語等の躓きの指導等
全学年	阿波おどりを学ぶ	6-9月	阿波おどりの実技指導
2-6年	書初めを書こう	1月	書道の指導助言
6年	戦争体験を聞こう	9月	ご自身の戦争体験
5年	商品を開発しよう	9-12月	商品開発・販売の原理の説明
5年	稲作を学ぶ	4.10月	田植え体験、稲刈り指導
4年	まちたんけん	10月	地域の名所、歴史等の説明

2　応募方法　次の方法によりご応募ください。（省略）

3　募集人数　活動ごとに異なります。とくに上限等はありません。

4　応募締切　令和○年○月○日（○）　※その後は随時

5　応募要件　18歳以上の区内在住の方

6　その他

⑴活動にかかる報酬は無償となります。活動中の怪我等は、区の加入する保険が適応されます（区のHP参照）。

⑵応募者を対象にした説明会を○月○日（○）に開催します。必ず、ご参加ください。

⑶ご不明な点等ございましたら担当者までご連絡ください。

■説明会での地域ボランティアへの伝達事項・注意事項等

1　地域ボランティアの方を対象とする保険に加入するため、名前、年齢等の情報を区に届けさせていただきます。

2　児童が落ち着かない時、いじめやけんかをした時の対応については、ご報告、ご相談をいただき、教員とともに解決します。

3　活動にあたっては、校長の提示する以下の注意事項を守るようにお願いします。もし、遵守しない事態が生じた場合には、学習ボランティアとしての登録を取り消させていただきます。

⑴活動中に知り得た個人情報は、区個人情報保護条例の規定に基づき適切に取り扱い、他人の権利利益を侵害しない。

⑵体罰等、児童の心身に深刻な悪影響を与える行為を行わない。

⑶児童等が性的に不快感をもつ行為を行わない。

⑷その他、法に反する行為、非道徳的な行為を行わない、等。

■押さえるポイントと留意点

学習指導要領総則には、「学校がその目的を達するため、学校地域の実態に応じ、教育活動の実施に必要な人的又は物的な体制を家庭や地域の人々の協力を得ながら整えるなど、家庭や地域社会との連携及び協働を深めること」と示しています。そのことを受け、どの学校でも、地域ボランティアを活用した教育活動が進められています。総則解説書には、各校の教育方針や特色ある教育活動、児童の状況などについて、家庭や地域の人々に適切に発信したり、学校運営等に対する意見を伺う機会を設けたりすることの必要性も記載されています。地域の方々と日常からの関係づくりが大切となります。また、働き方改革を進めるために、地域ボランティア募集、運用関係のマネジメントを副校長や担当教員が行わない仕組み（学校支援地域本部等）づくりを進めることも必要です。

運動会の延期通知

埼玉県上尾市立平方北小学校長　中島　晴美

➤ こんな時にはどんな説明・メッセージ？

明日の運動会は、天気予報から延期せざるをえない状況です。このような場合、保護者、地域にどのような知らせを発信すればよいでしょうか。

■ 説明・メッセージ文例

⑴　延期の理由

日頃より本校の教育活動にご理解ご協力賜り誠にありがとうございます。

明日の運動会延期についてお知らせいたします。

本日午前〇時現在の天気予報によりますと、明日の運動会開催時間帯の降水確率は80％、風力4となっております。天気予報を注視してまいりましたが、天候悪化の確率が時間とともに高くなってきております。そこで、児童の安全と健康のため、明日の運動会は延期とさせていただきます。

⑵　保護者の方へのお願い

つきましては、次のとおり運動会を延期とさせていただきますので、ご理解ご協力のほどよろしくお願い申し上げます。

①延期日時　令和〇年〇月〇日（〇）午前〇時開始
※登校時刻は通常通りです。

②昼食について　給食を提供します。
※お弁当はいりません。児童は運動会終了後教室で給食を食べます。

③持ち物　運動会の用意と〇曜日課5校時6校時の用意をさせてください。

④その他　　　　当日も延期となった場合は、○月○日（○）まで順延とします。

押さえるポイントと留意点

学校行事においてやむなく延期をしなくてはならない場面は、ていねいにその理由を伝え、延期した場合の変更点についてはっきりとわかるように伝えます。

保護者が変更に納得し、安心できる内容であることが大切です。また、決断をする時刻、知らせる時刻もたいへん重要です。さらに、保護者以外にも連絡が必要な方々をあらかじめ確認しておき、確実に連絡します。

ポイントは下記のようになります。

①何が原因で何のために延期するのかはっきりと記す。
②延期後の予定をていねいに表記する（書き終わってから、保護者の視点で読み直し、情報不足はないか複数の目で確認する）。
③延期の判断は、保護者の予定変更のために時間の確保ができるようできるだけ早い時間帯にする。
④まずは緊急配信メールで知らせる。
※働く保護者が多いため、延期日のシフト変更や休暇取得の手続きの時間を確保できる時間帯に速報を送る。
⑤緊急配信メールの見逃しを想定し、児童下校時までに延期のお知らせ文書を作成し家庭数で配付する。
⑥学校運営協議会委員・スクールガードリーダー（その他来賓関係者）に電話連絡をする。
⑦PTA会長と連絡をとり、延期時のPTAお手伝いの人数変更等について確認をする（例：受付の担当人数）。
⑧卒業アルバム業者への連絡を忘れずに行う。
⑨テント等物品を借りている他機関等へ必要に応じて連絡する。

保護者会への出席

埼玉県上尾市立平方北小学校長　中島　晴美

➤ こんな時にはどんな説明・メッセージ？

保護者会への出席人数が少なく期待する効果をあげられそうにありません。保護者会開催にあたって、保護者にどのような通知を出して出席を促していけばよいでしょうか。

説明・メッセージ文例

⑴　保護者会のねらいを伝える

本校は、ウェルビーイングの考えをもとに学校・保護者・地域が「チーム◯◯」のメンバーとして力を合わせ、子どもたちが伸び伸びと成長できるよう、豊かな教育環境を整えています。その教育環境のなかで一番大切なのが、保護者と教職員（学校）の連携です。そこで本校は、より多くの保護者の方々に「チーム◯◯」のメンバーの一員として、個々のお子様の学校での様子はもちろんのこと、クラスや学校の様子、教育の流れ等を掴んでいただいたり、保護者の皆様の横のつながりをつくったりするため、毎学期懇談会を開催しております。各担任も普段はお伝えしきれていない内容をお伝えできるようスライドなど工夫ある資料を整えております。また、対話の時間を確保するなど、保護者の皆様にわくわくした気持ちで参加していただけるよう工夫しております。

⑵　保護者の方へのお願い

保護者の皆様にはぜひ懇談会にご出席いただき、クラスの保護者の皆さんや担任と繋がり、子どもたちのためのすばらしいチームをつくっていただきたいと思います。

ウェルビーイングのエビデンスの一つに「多様な友人がいる人は幸せ」というものがあります。大人が連携し楽しそうに活動している姿を子どもたちに後ろ姿で見せていく絶好のチャンスです。皆様の保護者会へのご出席を心よりお待ちしております。

なお、クラスの保護者会の間は児童を◯◯教室でお預かりします。ご希望の方は配信メールアンケートフォームにお子様のクラスと名前をご入力ください。回答締切は◯月◯日（◯）といたします。

■押さえるポイントと留意点

忙しいなか、保護者会に参加してもらえるようにするには、保護者の意識を改革し、魅力的な内容に工夫するなど保護者が来てよかったと思えるように変えていく必要があります。また、家庭状況によって参加がむずかしい保護者への配慮も必要です。

ポイントは下記のようになります。

①保護者会の意義や参加していただくねらい等を明確に記載する。

②工夫ある会の内容を学年だよりや学級通信で事前に知らせておく（例：「◯学期の学校生活スライド披露！」「子どもたちと考えるウェルビーイングな言葉（子どもたちが感じる幸せな気持ちになる大人の言葉！アンケートより）」）。

③保護者会資料は次第のみ記入（※はじめから資料に内容を全部書き込んでしまうと、参加する必要性が低くなってしまう）。

④参加できなかった保護者への配慮として、後日学年だよりまたは学級だより等で、概要や参加者の「参加してよかった」という感想を中心にまとめ配付する。感想をいただき載せるところが次回への効果に繋がる（感想はフォーム等を活用しその場ですぐに入力できるよう工夫する）。

⑤状況により、オンライン参加可能のハイブリット型にすることも考えられる（家庭の状況により参加困難な家庭が増えていることも参加者が少ないことの原因のひとつにあると思います。そのことへの配慮をすることも必要です）。

⑥保護者会の時間に、児童を預かる場を設定することについて事前に知らせ、申し込み受付をしておきます（家に帰っても一人で留守番になる児童、とくに低学年は児童の安全の場所を確保し、保護者に安心して会に参加できるような配慮をします）。

給食費の引き落としのお願い

埼玉県上尾市立平方北小学校長　中島　晴美

➤ こんな時にはどんな説明・メッセージ？

今月の給食費などの引き落とし日が迫ってきています。各学年、引き落とし期日に引き落とせない家庭が複数見受けられます。保護者に口座への入金を促し、確実に引き落としできるようにするためにどのような知らせを発信すればよいでしょうか。

■ 説明・メッセージ文例

⑴　引き落とし日のお知らせ

保護者の皆様には、毎月の給食費引き落としにご協力いただき、ありがとうございます。皆様のご協力のお陰で、本校では給食を滞りなく児童に提供することができております。心から感謝申し上げます。

今月の引き落とし日は次のとおりです。

◎今月の引き落とし日：○月○日（○曜日）

⑵　保護者の方へのお願い

今月も、児童への給食提供を滞りなく行うことができるよう、ご協力をお願いいたします。

つきましては、次の点にご留意いただきますようお願いいたします。

①引き落とし日前日までに、銀行口座の残高が○○○○円以上あるかご確認ください。

②万が一引き落としができなかった場合、○○から督促通知が送られますので、速やかにご入金ください。

※督促通知作成のための費用や時間が費やされてしまいますので、当日引き落としができるようご協力をお願いします。

押さえるポイントと留意点

給食費が引き落とされない家庭は、およそ毎月同じ家庭であることが多いのではないでしょうか。

経済的に困難な状況にある家庭があることも鑑みながらも、給食費を全家庭が支払うことで児童全員の給食が提供されているということを伝えていくことが必要だと考えます。

また、しっかりと管理され引き落としがスムーズに行われている家庭への感謝の気持ちを添えることもとても大切です。

ポイントは下記のようになります。

①引き落とし日から１週間前には通知を出す。

②通知文と合わせて、学校だより・学年（学級）だより、配信メールでの周知を行い、必ず保護者に引き落とし日が周知されるように情報を多く発信する。

③通知文では、引き落とし日と必要残高について、目立つよう強調させる。

④家庭の経済的な状況が原因の場合、公的な救済手段についてご案内する等の手立ても必要になる。家庭の状況、保護者の心情に寄り添いながら解決策へと導いていく。その際も、給食費を納めることの必要性（責任）は伝えていく。

長期休業前の通知

東京都大田区立矢口小学校長　井上　光広

➤ こんな時にはどんな説明・メッセージ？

長期休業日（夏休み、冬休み、春休み）を前に、保護者にどのような通知を出していけばよいでしょうか。

■ 説明・メッセージ文例

⑴　学習面

夏休み（冬休み、春休み）の余裕ある時間を有意義に使うためには、休み前にさまざまな計画を立てておくことが大切です。体験的な学習や長期にわたる継続的な調査学習、ものづくりなど、子どもたちの興味・関心に寄り添って、支援・助言をしていただけますようお願いいたします。

⑵　生活面

子どもを見守る大人の目が少なくなるのも長期休業期間です。昨今の調査では、長期休業明けの４月、９月、１月に未成年の自殺者数が増える傾向にあります。また、事故や犯罪被害、問題行動が起こりやすいということもあります。

家庭では、早寝早起きや適切な食事の摂取など、リズム正しい生活を心掛けてください。また、家族だけでなく、さまざまな大人の目で見守っていけるよう、学校や地域の夏の行事には積極的に参加し、地域の方々との人間関係を深められるよう心掛けてください。

⑶　安全対策

不審者対応として、緊急避難の場所（交番・公的機関・こども110番の家など）を子どもと一緒に確認してください。

⑷　自転車事故防止

道路交通法の改正により、令和５年４月１日より自転車に乗車する場合は乗車用ヘルメットの着用が努力義務となっています。万が一、事故にあってしまった時のために、ヘルメットの着用を徹底してください。

⑸　相談先について

学校には平日（○時から○時まで）は当番の教員が勤務していますので、緊急なことがあった場合は電話連絡をお願いします。○月○日から○月○日までは、学校閉庁期間となりますので、下記連絡先をご利用ください。電話○○○－○○○－○○○○。

⑹　学校からの緊急連絡について

学校から緊急にお知らせがある場合は、「緊急メール（または公式ツイッター、公式アプリ等）」でお知らせします。必ず確認していただけますようお願いいたします。

押さえるポイントと留意点

長期休業前の連絡は、ほとんどの学校で、毎年保護者宛に通知していることです。それだけに、前年度踏襲で内容を十分に確認せずに発出することもありがちです。

しかし、ここ数年間の社会の変化は目まぐるしく、学校から発出している通知が実態に合っていないということも起こりえます。そこでポイントとして、下記のようなことがあげられます。

①各自治体の教育委員会から発出される長期休業日前の通知を教職員全員で必ず確認し、学校からの保護者通知に入れておくべきことを書き漏らさないようにします。

②定期的に地域巡回を行い、地域の変化をつかんでおきます。それによって新たに生じている危険箇所や、子どもたちに影響のありそうな地域の変化を通知に盛り込みます。

③保護者が学校と連絡が取れないという不安感を与えないために、緊急時の連絡方法は必ず掲載することが必要です。

引き渡し訓練の通知

東京都大田区立矢口小学校長　井上　光広

➤ こんな時にはどんな説明・メッセージ？

緊急事態に備えて、引き渡し訓練をする予定です。保護者に対してどのような通知を出していけばよいでしょうか。

説明・メッセージ文例

(1)　震災時の引き渡し訓練

本校では震度５弱以上の地震が発生した場合には、安全が確認されるまで学校で児童を保護し、保護者に引き渡すこととしています。○月○日は、震度５弱の強い地震が発生した想定で、午前○時より、児童の引き渡し訓練を実施いたしますので、ご理解とご協力をお願いいたします。

出入り口は○○門になります。各学年、クラスごとに並び、校庭にて引き渡しを行いますので、よろしくお願いいたします。

学校では地震想定の避難訓練の際には、物が「落ちてこない」「動いてこない」「倒れてこない」場所を自分で判断して身の安全を守るよう指導しています。お子さんを引き取られて帰る際には、この視点で通学路の危険な場所をお子さんと一緒に確認していただきますようお願いいたします。

(2)　犯罪関連に対応する引き渡し訓練

本校では犯罪の容疑者が近所で逃亡している場合を想定した下校訓練を行っています。もし実際にこの事態が発生した場合には、教職員引率による集団下校を行うことが原則ですが、今回はより危険度が高い状況を想定し、児童を学校で保護したうえで、保護者に引き渡す訓練を行います。

○月○日は、午前○時より、各教室にて引き渡し訓練を行いますので、ご理解とご協力をお願いいたします。

⑶　Ｊアラート関連の引き渡し訓練

本校では弾道ミサイルが付近に着弾した場合を想定した訓練を行っています。もし実際にこの事態が発生した場合には、状況に応じて判断（学校待機・校外二次避難等）をしていくことになりますが、今回は、安全が確認されるまで学校で児童を保護し、保護者に引き渡すことを想定しています。

〇月〇日は、午前〇時より、児童の引き渡し訓練を実施いたしますので、ご理解とご協力をお願いいたします。

■ 押さえるポイントと留意点

引き渡し訓練を、より効果的で意味のあるものにするために、ただ保護者に引き渡すだけでなく、校長講話を放送して訓練の意味や防災情報を伝達したり、地域の実態に合った訓練内容に設定したりすることで、保護者の防災・防犯意識も高めたいところです。

①各自治体の教育委員会から通知されている危機管理対応方法を確実に踏まえた引き渡し訓練内容になっているか、確認しておくことが大事です。

②仕事を優先させて、引き渡し訓練を欠席する保護者が多い学校も少なくないと思います。土曜日の公開授業に合わせて訓練を予定することで、参加率が上がることが考えられます。

③引き渡し名簿にない大人に児童を引き渡してしまい、行方不明になったというケースが報告されています。通知のなかに、「引き渡し名簿にない方に、児童を引き渡すことはできません」という一文を入れることも必要です。また、学校によって「引き渡しカード」（児童の氏名・学年・組・保護者名記入）を年度当初に渡し、緊急時に保護者が持参したカードで確認し引き渡しを行います。

下校時刻が遅れる通知

東京都大田区立矢口小学校長　井上　光広

➤ こんな時にはどんな説明・メッセージ？

当初予定していた下校時刻より下校が遅れそうです。どのような知らせを保護者に発信していけばよいでしょうか。

■ 説明・メッセージ文例

メールについては、受け手の当事者意識を高めるために、誰宛に発出しているものなのかを明示することが大事です。たとえば、「このメールは全校対象に発信しています」「このメールは○年生の保護者宛に発信しています」という文をメールの冒頭に付けることをお勧めします。

⑴　悪天候時のメール

このメールは全校対象に発出します。

本日、午後○時時点で、学校周辺には急なゲリラ豪雨と雷により、児童の下校に際して危険が生じております。天気予報や雨雲レーダーでは、午後○時○分頃には天候が落ち着くようですので、次のような対応をさせていただきます。

◎午後○時○分まで児童を学校に待機させ、その後、教職員引率による集団下校を行う。

なお、それよりも早く下校をさせたいというご家庭は、安全を確保した状態で、保護者によるお迎えをお願いいたします。

⑵　校外学習から帰校の遅れ

このメールは、○年生の保護者宛に発信しています。

現在○年生は、移動教室から帰校中ですが、バスが渋滞に巻き込まれており、予定の帰校時刻より到着が遅れそうです。地図アプリの情報では、午後○時○分頃に到着予定です。

この後、高速道路を降りた時点で情報発信します。

⑶　居残りでの学習や作業が生じる場合

このケースについては、多くの学校では、メールでのお知らせではなく、教員からの電話連絡が基本となると思います。そこで、年度当初に以下のような、保護者宛の校長通知を出しておき、学校の方針を事前に伝えておくとよいでしょう。

「本校では、その日の最終下校時刻が決まっています。教員から児童への指示による残留で、最終下校時刻より30分以上下校が遅れる場合には、教員または他の職員が保護者の方に電話連絡をします。

残留する場合は、必ず教員が付きますので、許可のない居残りはありません。もし児童がランドセルを持ったまま、お友だちの家に立ち寄っているようなことがありましたら、帰宅を促してください。また、家に帰っていない児童を地域で見掛けるようなことがありましたら、ぜひ声を掛けてあげてください」。

■押さえるポイントと留意点

下校が遅れるという連絡メールは、保護者に即時的に確認してもらいたいものがほとんどです。

そこで、どうしたら確実に読んでもらえるかを意識して発信することが必要です。

ポイントは下記のようになります。

①日頃、学校からのメール連絡が多すぎると、保護者が確認をしなくなる可能性が高まります。そこで、本当にメール発信が必要な連絡なのかどうかを精選し、最低限度に抑えることも情報徹底には大切な視点です。

②システム上可能であれば、題名の冒頭に「重要」「緊急」「連絡」のようなメール内容をイメージしやすいタグを入れると、保護者に確認してもらえる可能性が高まります。

③下校の予想時刻は必須項目です。

学力調査結果報告の通知

千葉県千葉市立さつきが丘中学校長　今井　功

➤ こんな時にはどんな説明・メッセージ？

学力調査の結果が出ました。保護者、地域に対して自校の調査結果を公表するにあたって、どのような通知を出していけばよいでしょうか。

説明・メッセージ文例

⑴　学力調査の結果について

全国学力・学習状況調査や各都道府県で実施されている学力調査の結果の数値は、保護者や地域には公表しないほうがよいでしょう。また、全国学力・学習状況調査は「全国学力・学習状況調査に関する実施要領」に次のように記載されています。

①公表する内容や方法については、教育上の効果や影響等を考慮して、適切なものとなるよう判断すること。

②調査結果の公表を行う教育委員会又は学校においては、単に平均正答数や平均正答率などの数値のみの公表は行わず、調査結果についての分析を行い、その分析結果を併せて公表すること。さらに、調査結果の分析を踏まえた今後の改善方策も速やかに示すこと（以下略）。

この記載に沿って文書を作成します。分析結果は、【自校のできたところ】【自校の課題】【自校の改善策】の三つに分類して書くとよいでしょう。

⑵　文例

学力調査の結果が戻って来ました。本校生徒の数値は、文部科学省の指示によりお伝えできませんので、【本校生徒のできたところ】【本校生徒の課題】【本校の改善策】をお知らせいたします。

①国語

【本校生徒のできたところ】文集を読んで理解したことなどを知識や経

験と結びつけ、自分の考えを広げることができています。
【本校生徒の課題】文章を推敲することに課題がありました。
【本校の改善策】頭の中で考えるだけでなく、実際に書いてみて効果を確かめ、直す、直さないの判断ができるように指導してまいります。
②数学
【本校生徒のできたところ】データの活用がよくできており、とくに四分位範囲の意味がよく理解できていました。
【本校生徒の課題】問題解決の過程や結果を振り返って考察することに課題がありました。
【本校の改善策】説明を書くことに重点を置いて指導するとともに、説明を読み、そのことについて話し合う活動を取り入れます。
③英語
【本校生徒のできたところ】ある状況を描写する英文を読み、その内容を最も適切に表しているグラフを選択することがよくできていました。
【本校生徒の課題】求められていることをふまえて英文を正確に書くことに課題がありました。
【本校の改善策】目的や場面、状況等に応じて、どのような表現がよりふさわしいのかを指導してまいります。

押さえるポイントと留意点

ポイントは下記のようになります。
①生徒、保護者や地域は、数値を知りたがると考えられますが、学校の序列化につながるため、数値を掲載できない理由をはっきり記述しておくとよいでしょう。
②文書を発行するにあたり、教務主任とともに分析し、校長が自校の状況を把握しておく必要があります。

教育活動に対する評価アンケート

千葉県千葉市立さつきが丘中学校長　今井　功

➤ こんな時にはどんな説明・メッセージ？

学校の教育活動に対する評価アンケートを保護者にお願いしようと思います。アンケートへの回答数をより多くするため、どのような通知を出していけばよいでしょうか。

説明・メッセージ文例

⑴　学校評価アンケートについて

文部科学省より出された平成28年改訂の「学校評価ガイドライン」に、学校評価の目的が以下のように三つ示されています。

①各学校が、自らの教育活動その他の学校運営について、めざすべき目標を設定し、その達成状況や達成に向けた取り組みの適切さ等について評価することにより、学校として組織的・継続的な改善を図ること。

②各学校が、自己評価および保護者など学校関係者等による評価の実施とその結果の公表・説明により、適切に説明責任を果たすとともに、保護者、地域住民等から理解と参画を得て、学校・家庭・地域の連携協力による学校づくりを進めること。

③各学校の設置者等が、学校評価の結果に応じて、学校に対する支援や条件整備等の改善措置を講じることにより、一定水準の教育の質を保証し、その向上を図ること。

今回は自己評価、生徒評価ではなく、保護者の評価を目的としたものです。また、最近では紙媒体だけでなく、スマートフォンを用いた回答方法もあるので、以下に二つのパターンを示します。

⑵　文例

①紙媒体の場合

学校教育を充実したものにするため、保護者の皆様のご意見をお聞かせください。評価欄のもっともあてはまる数字を選び、○印をつけてください（お答えづらいところは、お子様と相談し、解答していただければと存じます）。なお、アンケート結果については、今後の学校経営および教育活動に活かしてまいります。○月○日までに封筒に入れ、封をして担任までご提出ください。

②ICTを活用した場合（配信によるもので文字数は少なくなります）

例年実施しております本校の「学校教育に関してのアンケート」につきまして、本年度もご協力をお願いいたします。

「ソフト名（アプリ名）」で配信いたしましたので、スマートフォンでご回答ください。

なお、アンケート結果については、今後の学校経営および教育活動に活かしてまいります。回答期限は○月○日となりますので、よろしくお願いいたします。

押さえるポイントと留意点

根拠法令は学校教育法42条となります。

「小学校は、文部科学大臣の定めるところにより当該小学校の教育活動その他の学校運営の状況について評価を行い、その結果に基づき学校運営の改善を図るため必要な措置を講ずることにより、その教育水準の向上に努めなければならない」。

幼稚園、中学校、義務教育学校、高等学校、中等教育学校、特別支援学校等にもそれぞれ準用となります。

回答数を多くするポイントは下記のようになります。

①校長が学校経営方針に、学校評議員会や保護者会の際に、学校評価アンケートの結果を反映させていることを明言することです。そうすることで、保護者はアンケートの回答が学校に反映されることを意識し、回答数を増やすことにつながります。

②アンケートの結果を公表することです。ホームページや学校報を通じて、アンケート結果を公表し、今後の方針を添えておくことです。

「いじめ基本方針」の周知

山形県天童市立干布小学校長　多勢　弘子

➤ こんな時にはどんな説明・メッセージ？

学校として、「いじめに対する基本方針」を周知することが求められています。保護者、地域にどのような通知を発信していけばよいでしょうか。

■ 説明・メッセージ文例

⑴　いじめ基本方針について

いじめは、いじめられた児童の心身に深刻な影響を及ぼす、絶対に許されない行為です。しかし、いじめは、どの学校でも、どの子どもにも起こりうる、どの子どもも被害者にも加害者にもなりうるという事実をふまえ、児童の尊厳を保持することを目的に、学校・家庭・地域、その他の機関および関係者との連携のもと、いじめ問題の克服に向け、「学校いじめ防止基本方針」を策定しています。

この方針には、いじめの未然防止、いじめの早期発見、早期対応、組織的対応等を定めています。また、いじめの防止等を実効的に行うための「いじめ防止対策委員会」についても、平成25年に制定された「いじめ防止対策推進法」に基づき設置しております。学校では、この「いじめ防止対策委員会」が、いじめ防止の中核となって情報を共有し、「学校いじめ防止基本方針」に則り、いじめ防止等の対応に全力で取り組んでいきます。

⑵　保護者の方へのお願い

子どもたちは、安心して楽しく学び成長できる環境を求めています。しかし、いじめはどの子にも起こりうる可能性があり、そのため、いじめ問題への取り組みは、すべての子どもを対象に学校の教職員、保護者、地域の皆様が自らの問題として深く受け止め、連携して取り組むべき重要な課題となっています。

学校では、「いじめ防止対策推進法」に基づき、「学校いじめ防止基本方針」を定め、いじめが起きにくい、あるいはいじめを許さない環境づくりに取り組んでいきます。そして、日頃から学校と保護者とのコミュニケーションを密にし、子どもの変化を共有することはもちろんのこと、必要に応じて、地域の関係機関や相談機関とも連携・協力し対応していきます。また、いじめアンケートや全児童の個別面談を実施し、いじめの早期発見に努めるとともに誰もが相談しやすい体制をつくっていきます。

その他にも、「学校いじめ防止基本方針」には、いじめの未然防止、早期発見および早期対応、そして重大事態への対応等について詳しく記載されていますので、ぜひご確認ください。

この基本方針は子どもたちの心身の安全を保ち、健全な学習環境を提供するための基盤となります。保護者の皆様のご協力とご理解が必要不可欠です。何かご質問やご意見がございましたら、どんなことでも結構ですのでお知らせください。

押さえるポイントと留意点

学校で行われる教育に関して保護者に協力を求める場面は多々あります。いじめ防止の取り組みについて、学校が保護者と日常から双方向の関係を築いておくことが重要です。また、子どもが安心して相談できる大人として、互いの存在を尊重し合うとともに、保護者からの理解と協力を得られようにすることが大切です。

ポイントは下記のようになります。

①学校がいじめ問題に対して、どのように考え、どのような体制で、どのように取り組むのかをわかりやすく伝えます。

②年度のはじめだけでなく、学級懇談会等で伝える場を設定します。ポイントを繰り返し伝えることで、保護者の協力を仰ぎましょう。

③学級懇談会で保護者同士が子どもの変化について話し合う機会をつくりましょう。いじめ防止基本方針の内容確認だけでなく、担任や保護者仲間に相談できる関係性を築くことに繋がります。

「SNS 基本ルール」の周知

山形県天童市立干布小学校長　多勢　弘子

➤ こんな時にはどんな説明・メッセージ？

児童・生徒1人1台タブレットの支給や児童・生徒の携帯・スマートフォンの携帯率増加により、「SNSの基本ルール」が各家庭で求められています。学校は保護者に対してどのような知らせを発信し、協力を求めていけばよいでしょうか。

説明・メッセージ文例

(1) SNS 基本ルールについて

周知のとおり本校でも1人1台のタブレットにより教育活動が行われています。2020年度から小学校ではプログラミング教育が必修化されています。児童・生徒の未来にはデジタル技術は必須のものとなるでしょう。また、現代社会においてもスマホの普及により小・中学生におけるスマホ所持開始時期が低年齢化しており、それに合わせてSNSの利用率も年々高くなっています。SNSは手軽に利用できるコミュニケーション手段として幅広く活用され、使い方によっては授業に役立つ一方で、いじめや犯罪被害に巻き込まれるリスクや健康被害の心配もあります。そこで、学校だけでなく各ご家庭においてSNSの安全な使い方を子どもたちと話し合い、「SNS基本ルール」を作ることで、子どもたちが自らリスクを回避できるようにしていきましょう。基本ルールについては、①個人情報の保護、②言葉遣いや行動、③嫌がらせといじめの防止、④スクリーンタイムの管理、⑤トラブル時の対処等について話し合い、日頃からそのルールが守られているかを話題にしていただけると、子どもたちも安心してネットでの学びが進められます。

(2) 保護者の方へのお願い

学校では、ご家庭でも子どもたちにICT機器を積極的に使わせてほしいと考えています。しかし、近年、児童・生徒のスマホやSNS機能を持つゲーム機等の所持率が増加傾向にあり、いじめや犯罪等のトラブルに巻き込まれたり、ネット依存等の健康被害に陥ったりするケースが増えています。ネットを使ううえでのルールやモラル、マナーが不十分な子どもたちをSNSの被害やトラブルから守るためには保護者の方々の積極的な協力が不可欠です。

まずは、ご家庭で子どもたちと一緒に正しい使い方やルール、安全対策について十分な話し合いをお願いします。子どもたち自身がリスクやトラブルを認識し、未然防止ができるようにすることが重要です。また、保護者の方におかれましても利用対象年齢の遵守やフィルタリング設定などの確認をお願いいたします。

保護者の方とお子様が一緒に家庭での「SNSの基本ルール」を作ることで、子どもたちは健全なSNSの利用を学び、効果的な活用を身につけていくことと思います。ご協力をお願いいたします。

押さえるポイントと留意点

学校で行われる教育に関して保護者に協力を求める場面は多々あります。リスク管理の面で禁止して利用させないと子どもの情報リテラシーは育ちませんし、隠れて使うことでさらにひどい被害にあうことも考えられます。また、保護者のなかにもリスクや適切な利用について理解していない場合があります。ですから、具体的なリスクやトラブルとその対策の方法を伝え、連携を依頼することが大切です。ポイントは下記のようになります。

①入学前の保護者会等を利用し、学校や家庭でのタブレットによる教育活用とその効果について説明します。また、SNS利用における年齢制限等のルールやリスクについても伝えておきましょう。

②長期休みの前など保護者向けにSNSについての話題を提供し、定期的に子どもたちと使い方やルールについて十分に話し合いをするようにします。

③PTA活動等で保護者が情報リテラシーを学ぶ機会をつくります。

学校保健委員会への参加

前東京都八王子市立浅川小学校長　清水　弘美

➤ こんな時にはどんな説明・メッセージ？

学校は、年１回以上の学校保健委員会を開催しなければなりません。しかし学校保健委員会への保護者の参加率は年々減少しています。どのような知らせを出して参加を促していけばよいでしょうか。

■ 説明・メッセージ文例

子どもたちの体の健康は、心の健康にも、人間関係の健康にもつながります。健康な体はやる気や集中力をはじめ人とのコミュニケーションにまで影響し、将来を左右する一生の財産になるのです。

それでは、健康を維持増進するにはどうしたらよいのでしょうか。学校では毎年、学校保健委員会を開催しています。本校の子どもたちの健康をよく知る校医の先生方（内科・歯科・耳鼻科・眼科）から、子どもたちの健康についてのアドバイスをいただきます。

学校からは校長、教頭（副校長）、養護教諭、栄養教諭、生活指導主任、体育主任、給食主任等、子どもたちの健康を推進する教員たちが参加して話を伺います。そして教えていただいたことを参考に、本校の健康教育を充実させていきます。

保護者の皆様にとっても、直接校医の先生たちからお話を伺える貴重な時間になります。病気で病院へ行った時は、病気以外のことは聞くことができません。しかし、学校保健委員会では、日ごろから気になっていること、子どもの発達にかかわることを何でも尋ねることができます。校医の先生方は発達のプロですので、広い視野で子どもたちの健康増進に役立つお話をしてくださることでしょう。今年度の開催は下記のとおりです。たくさんの方の参加をお待ちしています。（以下略）

■押さえるポイントと留意点

学校保健委員会は軽く扱われていることが多い行事です。就学時健診で校医が集まる時に、ついでに30分前に集めて行うという学校もあるほどです。しかし、本来はそれぞれの校医の専門性を生かした話をしてもらい、教職員も保護者も地域の方たちもみんなで子どもたちの健康について学び合う時間です。しかし、保護者にとっては、学校保健委員会がどのようなものなのか想像がつかないため、参加する意欲がでません。

校医は子どもたちの健康を守ってくれるプロ集団です。校医の専門以外のことも知っていることが多く、特別支援の児童へのかかわり方なども参考になります。病気の背景や、日常生活との関係、子どもの将来とのつながりなど広い視野で尋ねられること、また学校のなかのことだけでなく、地域や日本全体で課題になっている健康上の問題もわれわれ教員よりも早く正確な情報をたくさん持っていますから、どんどんお話をしてもらえることなどを伝えていきましょう。ポイントは下記のようになります。

①校医の目から見た自校の子どもたちの傾向をとらえることができます。学校からは管理職の他、養護教諭、栄養教諭、生活指導主任、体育主任、給食主任が参加するため、歯科や眼科、耳鼻科、内科とそれぞれの立場から、本校の子どもの様子を聞くことで、学校の健康教育を多面的に推進していくことができます。

②学校から気になっている子どもたちの様子について、校医からの見解を聞くことができます。姿勢が悪いとか、落ち着きがないとか、集中する時間が短いなど、日ごろから気になっている子どもたちの様子について、それぞれの立場からの見解をもらい、今後の指導に生かすことができます。

③家庭から気になっていることを尋ねることができます。病院では聞けないことを直接医師に聞くことができます。わが子の発達についての相談などをすることも、改めて医療機関につなげてもらうことなどもできます。

リサイクル活動への協力

前東京都八王子市立浅川小学校長　清水　弘美

➤ こんな時にはどんな説明・メッセージ？

PTAと連携してリサイクル活動を実施しようと思います。協力を求めるため、どのような通知を出していけばよいでしょうか。

説明・メッセージ文例

未来を生きる子どもたちにとって、身に付けておきたい大切な力があります。それは「自分たちで自分たちの社会をよりよいものにしていく」という力です。誰かの創った社会ではなく、自分たちが主体的にかかわって創っていくという力です。

かつては高価な物をたくさん持つことが、多くの人が望んだ価値でした。しかし、地球の資源を守り、人間と自然との共存を考える時代を生きていく子どもたちには、地球のために何ができるかという視点で考える力が必要です。そこで、学校では物を大切にして、ごみを減らすという考え方と行動様式を子どもたちに指導しています。今回子どもたちと一緒に、自分たちに何ができるかを考え、リサイクル活動を全校で取り組むことにいたしました。SDGsのNO.12「つくる責任、つかう責任」というゴールをめざして、使ったものをていねいに分別して、ごみを減らし次の資源にしていこうという行動です。これが未来を創る行動なのです。

子どもたちの成長に、ご家庭での行動はとても影響力があります。誰もができるていねいなリサイクル活動にご協力ください。保護者の方の背中を見て子どもたちは育ちます。ご多忙な中とは思いますが、ご自身ができることのさらに上の行動にチャレンジする美しい生き方をお子さんに見せてあげてください。

本校からはごみは出さずにすべて資源にするという思いで子どもたち

と一緒に教職員も取り組んでいます。SDGsのNO.17「パートナーシップで課題を乗り越えよう」は大人も子どもも皆で取り組むことで実現できるという目標です。どうぞよろしくお願いします。
実施日等は下記のとおりです。（以下略）

■押さえるポイントと留意点

リサイクル活動に保護者の協力を得るには、活動の価値を伝えること、子どもたちの未来を支えること、そして美しい生き方という視点があることなどを伝えていきます。

①地球環境を意識した時どのようなことが必要かを語ります

現在SDGsは社会共通の価値となっています。とくにNO.11の「住み続けられるまちづくりを」やNO.12の「つくる責任、つかう責任」などはリサイクル活動につながるゴールと言えます。しかし、行動を起こしている人が十分にいるとは言えません。ごみのていねいな分別やリサイクル置き場への運搬などをいい加減に行ってしまう大人の姿は、地球の環境問題が自分ごとになっていない姿です。家庭の教育力として保護者一人ひとりの協力を依頼しましょう。

②自らが行動して社会をつくっていくことの価値を語ります

NO.17の「パートナーシップで目標を達成しよう」はすべてにおいて大切な考え方です。リサイクル活動への保護者の協力はまさに同じ地域に住むものとしてパートナーシップを発揮しようと呼びかけるものです。自分で社会をよりよいものにしてきた経験がたくさんあるほど、社会に対して主体的にかかわれる人を育てられます。学校で取り組むリサイクル活動が子どもたちの達成感につながるなら、それはとても大きな一歩なのです。大量生産大量消費の価値から、リサイクル、リユース、リデュースの3Rの価値の美しさへ転換できるように語りかけることが大切でしょう。

③家庭で保護者自身の行動変容を期待します

リサイクルのもう一つ先、リニューアブル（原材料が自然に優しいものを選ぶ）まで意識するように、できることの範囲の少し上のことをがんばる生き方につなげて話すとよいでしょう。

地域行事への参加

前東京都八王子市立浅川小学校長　清水　弘美

➤ こんな時にはどんな説明・メッセージ？

自治会より地域行事への児童・生徒の参加を求められています。学校として、保護者にどのような通知を出して、協力を求めていけばよいでしょうか。

■ 説明・メッセージ文例

自治会主催の〇〇活動の季節がやってきました。この町に住む皆さんが気持ちよく生活できるように、人と人の豊かなつながりができるようにと自治会の皆さんが企画してくださっています。みんなで参加して盛りあげていきましょう。

この町は子どもたちの故郷になる町ですが、ただ住んでいるだけでは故郷にはなりません。建物や道路が故郷をつくるわけでもありません。人と人のつながりが子どもたちの居場所をつくるのです。いつかこの町を出ていく子も、この町に残って町を支えてくれる子も、みんなで同じ記憶を持っているということで故郷がつくられるのです。また、人と人のつながりは最高の防犯にもなります。顔見知りがいることは子どもたちにとって安心・安全な町になるということです。しかし、子どもたちだけでは地域の大人とつながりにくいものです。保護者の皆さんが大人同士で一緒に活動してネットワークができることで、子どもの顔を覚えてもらうことができたり、子どもたちも顔見知りの大人をたくさんつくることができたりします。

地域行事に参加することは、故郷で、たくさんの人と顔見知りになって絆を深め、豊かに生きていくことにつながります。学校では子どもたちに、自治会でまちづくりに貢献している方々に敬意をもって接するようにと指導しています。保護者の皆様もこの地域行事を通してたくさんの方たちとつながって、子どもたちと一緒にまちづくりに参画していきましょう。皆様の参加をお待ちしています。

■押さえるポイントと留意点

地域行事に児童・生徒の参加を促すには保護者の協力が欠かせません。子ども会や町内会など地域のつながりが薄くなってきた現在、地域の行事に参加することの価値を伝えるのはむずかしいです。損得ではなく、人とつながって社会をつくっていくことの価値を繰り返し伝えることで協力を得られるようにしていきましょう。

①子どもたちに故郷をつくってやろう

子どもたちのなかには一生この町に住む子もいるし、他の地域に移り住む子もいます。それでも、子どもの頃に友だちと過ごしたこの地域のことを思い出す時、地域のおじさんおばさんと一緒に活動した景色を思い出せる子は幸せです。故郷にはいろいろな人がいろいろな顔で住んでいるものです。友だちとの関係だけの狭い世界ではなく町全体が自分の記憶になっていくと、それは故郷になるのです。

②地域で子どもを守ってもらおう

地域のたくさんの目で子どもを守ってもらえると安心ですね。このような地域行事は大人同士がつながるチャンスです。子どもの顔を覚えてもらうためには、大人同士がつながることがとても効果的なのです。○○さんの家のお兄ちゃんなどと、関係性もセットで伝わると親近感がわき、日常の生活のなかで、「今学校の帰りだな」などと気に留めてもらえるようになります。大人同士が積極的にかかわりを持ち、活動のなかで話をしていくことで、子どもの社会も広げていきましょう。

③人とのつながりを大切にする生き方を子どもに見せよう

幸せに生きる条件の一つに人とのつながりがあります。日ごろから地域の人たちとつながることを意識した生活は、自分の生活を豊かなものにすることができます。人とのつながりをつくるには、挨拶だけでは足りません。一緒に何かをやり遂げるいう活動が人と人を結びつけるのです。地域行事をその貴重な機会ととらえて主体的に参加しましょう。

3章

電話・対面での
応答例と留意点

登校渋り

前神奈川県横浜市立相沢小学校長　野口　みか子

➤ こんな時にはどんな説明・メッセージ？

保護者から「子どもが登校するのを嫌がっている。理由を聞いても答えない」との電話での連絡がありました。学校としてどのような応答をするべきでしょうか。

■ 説明・対応の具体例

⑴　保護者の不安な気持ちを聴く

子どもがわけも言わずに「学校に行きたくない」と保護者に訴えて登校を渋っている姿は、自分の気持ちをうまく親に伝えられない子どもの不安な気持ちの表れです。そして、それを見ている保護者にとっても、えも言われぬ大きな不安を感じるものです。とくに外で働いている親は、子どもの本当の気持ちが分からないうえに出勤の時間が迫り、家を出なければならない、今日しなければならない仕事も抱えている……、そんななか予想外のことが起き、焦りと不安が重なり、もうどうしたらよいのかと当惑しています。そんな保護者の気持ちを聴き、受け止め、落ち着いて今の子どもの有り様をそのまま受け止められるよう支える必要があります。何よりも保護者の話を誠実にじっくり聴き、寄り添いながら保護者の気持ちが落ち着きを取り戻せるようにしていきます。軽々にその子の登校渋りの原因を解釈し、自分の見解を言わないように注意しましょう。

⑵　学校での様子を確かめ、担任から折り返す

電話連絡が入ったときに、保護者の捉えている登校渋りの原因についてもよく聴いておきます。その内容について担任を中心としたかかわりのある職員が捉えていることをできる限り整理して、担任から折り返しの連絡をその日のうちに入れる旨を伝えます。担任が連絡することがで

きる無理のない時間帯で、保護者の都合のよい時間に折り返しの連絡を入れる約束をします。自分の子どもに起きた一大事を大切に捉えていてくれていると感じ取れるようにすること、できぬ約束をしないことがポイントです。

⑶　事実と解釈を確認してから、担任に折り返し連絡をする

登校渋りの原因は特定できないことがほとんどです。本人や保護者から原因と思われる話があってもそれが本当の原因ではない場合が多いものです。言葉の背後にある原因を知ろうと探ることがプロの仕事です。電話で聴いた内容をヒントとして、前日から１週間くらいを目安としてその子とその周辺に起きた感情を揺らす出来事を担任が洗い出し、登校渋りにつながるきっかけを探ります。けんかなどのトラブルがあり、事後指導した場合は、その指導内容も確かめておきます。そして、担任の事実と解釈を整理し、保護者に伝えるべき事実と解釈を児童・生徒指導担当者や管理職が確認しておきます。

⑷　今日は休ませる

電話があった「今日」は子どものSOSが出ている日です。子どもの気持ちを第一にして、「今日は心身を休ませる日」にできるよう協力を得ていきましょう。原因が特定できないなかでは学校で心身の安全を十分に守ることができません。けっして無理に登校させることがないようにします。保護者にもその点の理解を得ることも重要です。

■押さえるポイントと留意点

まずは、保護者・子どもの不安な気持ちに寄り添うことから始めます。そのためには、じっくり話を聴くことを前提に落ち着いた電話対応が肝要です。ポイントは下記のようになります。

①保護者の不安な気持ちに寄り添って話をじっくり聴くことを第一にする。そして、ともに協力して子どもの気持ちを大切にしながら解決に向かっていく考えを伝える。
②学校での様子の詳細を確かめ、担任から折り返し連絡を入れる。
③「今日」は休ませることに理解を得る。

いじめ

前神奈川県横浜市立相沢小学校長　野口　みか子

➤ こんな時にはどんな説明・メッセージ？

保護者から「子どもが、○○さんに背中をたたかれたり、足を引っかけられたりしているということを、他の保護者から聞いた。本人はなんでもないと言っているが、担任からも何の連絡もない」との電話での連絡がありました。学校としてどのような応答をすべきでしょうか。

説明の具体例

(1)　不安な気持ちにさせてしまったことにお詫びを

まず、担任から連絡がされていなかったことで不安にさせてしまったことをお詫びします。不安や不信の大きな要因は、適時適切に情報が伝わらないことです。子どもが「大丈夫」と答えても、トラブルがあり、指導したら保護者に伝え、保護者と協力して子どもが安心して学校で過ごせるようにしなければなりません。職員への指導・助言が行き届かなかったことを（管理職として）謝罪します。そのうえで、保護者が捉えている○○さんやその他の子どもとのやり取りや保護者の不安に感じていることを「いじめ」の原因・状況を探りながら聴きます。すぐにそれを担任や児童・生徒指導担当者または学年主任に伝え、事実や子ども本人の気持ちを確かめ、チーム対応していく方針を伝えます。保護者の協力を得ながら解決に向けて校内のチームで取り組んでいく旨、明確に伝えます。そして、今日１日のお子さんの様子を担任と児童・生徒指導担当者などで注意深く見守ること、本人から話を聴きとり、気持ちに寄り添った対応をしていくと伝え、許可を得ておきましょう。そして、担任から夕方折り返しの連絡をすることも伝えます。「いじめ」は大きな人権侵害です。

⑵　指導・聴き取りでつかんだこと・指導について連絡をする

対応チームで保護者への連絡内容を確認後、担任から保護者に電話連絡をします。今日聴き取ったことや指導したこと、これまでの出来事と指導内容、明日以降の指導の方針と見通しについてチームで十分検討し、共通理解した結果を文書を元に順を追って話します。とくにこの問題では、子どもがなぜ「なんでもない」と保護者に言ったのか、聴き取りを通して真意を理解し、保護者と共通理解することが肝要です。もし、その日の聴き取りでは真意を掴めなかったのなら、明日以降、叩いたり足を引っかけたりしてしまった子どもたちからの聞き取り後に再び探り、捉えていきます。その旨、保護者にも必ず伝えておきます。つまり、当該の子どもの心を第一にし、事実をそのままに伝え、保護者の理解と協力を得られるように伝えて信頼を回復していきます。

状態や内容によっては、顔を合わせて話したほうがよいこともありますが、基本的には、まずは電話で概要を話すとともに、叩いたり足を引っかけたりした子どもへの聞き取りや指導を行ってから顔を合わせて話します。

■ 押さえるポイントと留意点

最悪を想定し、初期対応します。最善・最速・最良チームでの対応を。まずは、不安な気持ちにさせてしまったことに謝罪をします。そして「いじめ」の状況を捉え、最善・最速・最良チームで支援・指導・対応し、子どもの心身の安全を守ります。加えて保護者に逐次指導状況を伝え、保護者の協力を得ながら信頼回復していきます。

ポイントは下記のようになります。

①連絡せず、不安な思いにさせてしまったことに学校（管理職）としてお詫びをする。
②「いじめ」の状況を早期に捉え、指導方針・見通しを保護者に伝える。
③対象児童の心身の安全を確保する。
④保護者の協力を得ながら解決に努め信頼回復につなげる。

万引き

東京都大田区立大森第三中学校長　笛木　啓介

➤ こんな時にはどんな説明・メッセージ？

保護者から「子どもが、塾の帰りに同じクラスの友だちに脅されて万引きをしてしまった。その友だちを怖がって言いなりになってしまったようだ。学校できちんと指導してもらえないか」と、直接学校を訪れ相談されました。学校としてどのような応答をするべきでしょうか。

説明の具体例

⑴　今回のケースがいじめであることの確認

今回のように脅されていやいや万引きをさせられたケースは、「強要」による「いじめ」です。今回はお子さんからの情報を保護者の方から速やかに学校へ通報していただけたため、早期対応ができたと感謝しています。今後、学校と家庭が協力して、早期の対応により解決することが必要です。ぜひご協力をお願いします。

⑵　「万引き」という行為についての理解

しかし、お子さんが「万引き」してしまった行為は、初発型非行とはいえ、明らかな窃盗罪です。その行為が脅された結果のものであるとはいえ、その罪は同様です。店舗へは保護者の方に付き添っていただき、きちんと謝罪する必要があります。不安な場合は学校の職員も付き添います。

⑶　今後の学校の対応について

家庭からの連絡により、いじめの発生を確認したため、学校は「学校いじめ防止基本方針」に従って、対応を開始します。その対応は、①正確な実態把握、②指導体制・方策の決定（重大事態に至る可能性の判断）、③生徒への指導・支援および保護者との連携、④指導後の見守りという手順で行います。

①では、当事者双方、周りの生徒から個々に聞き取り記録します。その際聞き取りを行う教員は複数、被害生徒を徹底的に守る体制で行います。②では、校内いじめ対応チームを招集し、指導の狙いを明確にしたうえですべての教職員の共通理解を図ります。そのうえで、対応する教職員の役割分担をし、教育委員会をはじめとする関係機関との連携を図ります。今回のケースは「万引き」であるため、警察との連携も必要です。③では被害生徒の保護および心配や不安の払拭を第一優先とします。加害生徒には人権上「いじめ」は絶対に許されない行為であるとの毅然とした指導をします。また、加害生徒も支援する立場から、加害側の抱える課題にも目を向け、成長を促す視点での指導を行います。保護者とは直接会って今後の具体的な対応を説明し理解を得ます。被害・加害を問わず、解決に向けた保護者の理解を求め、今後の連携の内容について共通理解を図ります。④については、今後の学校生活の各場面（登下校、休み時間、清掃時間、放課後等）で継続的に生徒を見守り、指導・支援を行える校内体制の整備を行います。また、SC等の活用も含め心のケアにあたります。どの生徒にも役割と責任を感じさせる、安心できる居場所となるような学級経営をめざします。

押さえるポイントと留意点

できるだけ正確な情報を迅速かつ確実に把握するために、発生店舗に急行し、事実を確認することも必要です。「万引き」をしてしまった生徒には、「万引き」は犯罪行為でありけっしてやってはいけないことだということを毅然とした態度で指導します。加害の生徒に対しては、実際に万引きをしていなくても、強要してやらせた行為は万引きと同等の犯罪行為であることを明確に指導します。警察と連携し、警察から指導してもらうことも有効です。

ポイントは下記のようになります。

①学校は被害生徒を徹底的に守る姿勢で、できるだけ早く正確な情報を把握すること。

②学校は警察ではなく、教育の場であることを忘れないこと。

SNS トラブル

東京都大田区立大森第三中学校長　笛木　啓介

➤ こんな時にはどんな説明・メッセージ？

保護者から「SNSで家の子の悪口を、同じクラスの子に複数送られている。何とかしてほしい」との連絡が入ってきました。学校としてどのような応答をするべきでしょうか。

説明の具体例

(1)　SNSを使ったいじめであることの確認

このケースは、いじめ防止対策法の定義によれば、SNSを通じて行われた「いじめ」であると言えます。今回は保護者の方からの連絡によっていじめの発生をつかむことができました。SNSによるいじめは、不登校重大事態に発展する可能性が高いため、学校としては、いじめの解消に向けて次の手順で早急に対応します。

(2)　いじめ解消に向けた対応

被害生徒本人および保護者からの通報により、いじめの発生を確認したため、学校は「学校いじめ防止基本方針」に従って、対応を開始します。①正確な実態把握、②指導体制・方策の決定（重大事態に至る可能性の判断）、③生徒への指導・支援および保護者との連携、④指導後の見守りという手順で行います。

①では、当事者双方、周りの生徒から個々に聞き取り記録します。その際聞き取りを行う教員は複数、被害生徒を徹底的に守る体制で行います。聞き取る過程では、被害生徒本人および保護者の了解を得たうえで、スマートフォンの画面等の記録をスクリーンショット等で保全し証拠とします。②では、管理職をトップとする校内いじめ対応チームを招集し、指導の狙いを明確にしたうえですべての教職員の共通理解を図ります。そのうえで、対応する教職員の役割分担を考え、教育委員会をはじめと

する関係機関と協議・連携を図り、重大事態に陥っているかどうかを判断します。③では被害生徒の保護および心配や不安の払拭を第一優先とします。加害生徒には人権上「いじめ」は絶対に許されない行為であるとの毅然とした指導をします。また、加害生徒も支援する立場から、加害側の抱える課題にも目を向け、成長を促す視点での指導を行います。加害生徒の保護者とは直接会って今後の具体的な対応を説明し、理解を得ます。とくにスマートフォン等の正しい利用について、家庭での確実な指導を要請し了承を得ます。被害・加害を問わず、解決に向けた保護者の理解を求め、今後の連携の内容について共通理解を図ります。④については、今後の学校生活の各場面（登下校、休み時間、清掃時間、放課後等）で、継続的に生徒を見守り、指導・支援を行える校内体制の整備を行います。また、SC等の活用も含め、心のケアにあたります。どの生徒にも役割と責任を感じさせる、安心できる居場所となる学級経営をめざします。

押さえるポイントと留意点

悪口や根拠のないうわさ、個人情報、悪意に満ちた画像・動画等をスマホ等を使って拡散するネットいじめは、現実世界のいじめと違い、暴力をふるったり物を盗ったりという行為ではありませんが、いじめられる側が精神的に追い込まれてしまうところが特徴です。一度ネット上に拡散してしまった情報を消去することは困難であるため、できるだけ早期の発見と関係機関との協力が不可欠です。

ポイントは下記のようになります。

①ネットいじめは重大事態につながる可能性が高いことを念頭に置き、できる限り迅速な対応を心掛けること。

②被害・加害生徒の情態に応じてSCやSSWと連携して心のケアを行うこと。

③情報拡散の疑いのある場合は、アプリ等の管理者または運営会社に情報の削除依頼を試みる。

④迅速な対応が事態の複雑化を防ぎ、被害生徒の精神的負担を防ぐことにつながる。

学級の荒れ・学級崩壊

東京都大田区立大森第三中学校長　笛木　啓介

➤ こんな時にはどんな説明・メッセージ？

「学級の子どもたちが、教室から飛び出したり、立ち歩いてふざけたりして授業が進まないという話を聞いた。校長はそのことを把握しているのか。どんな対応をしているのか」と保護者が憤慨して学校にやって来ました。どのような応答をするべきでしょうか。

説明の具体例

⑴　情報の把握について

管理職は、日頃から各学級の授業を参観し、学級の子どもたちの様子を把握しておく義務があることから、この保護者からの連絡があった時点で、当然その学級の状況を把握し、対応策を実施している必要があります。

⑵　学校全体での対応について

まず学校全体の問題として状況を把握し、指導方針を決定して役割分担を行いチームとして対応します。管理職を中心に指導方針を定め、学年の教員、学級にかかわっている専科教員、養護教諭が状況の把握と事実の確認を行い、役割分担をして対応します。

⑶　学年・学級での対応について

学級崩壊の状態に陥っている学級では、担任が怒ってばかりいて、担任と児童との関係が悪化する、児童同士の関係が悪化する、学校生活全体への不満が高まる、それを担任が一人で抱え込んでしまう等の悪循環に陥ってしまっている状況にあります。そこで、学年経営の視点を持って、学年の担当教員がその学級内の人間関係の立て直しのためにチームとしてかかわり、児童や担任の気持ちの切り替えを促す取り組みをしていきます。たとえば、児童や担任の持ち味を生かす授業や活動の工夫をしたり、他の学級と交流する活動を設定したりして、みんなで一緒に前向きで楽しい学校生活を送ろうという児童の気持ちを大切にした働きかけをしていきます。担任以外の教員が、児童の気持ちを大切に受け止めつつも、現状に目を向けさせ、担任の思いを伝えて担任と児童との関係の改善に努めていきます。

⑷　保護者との連携について

学校はまず保護者の思いに耳を傾け、それぞれの立場でともに学級の状況の改善に向けて協力し、取り組んでいくことを確認します。そのうえで、学校は保護者に向けて学級の状況や担任の思い、改善に向けてどのような道筋で取り組んでいくのかを説明します。そして、学級全員の保護者に対して、児童の気持ちを大切にし、それを理解したうえで受け止めること、できるだけ学校に足を運んでいただき、子どもたちのよいところを見つけ、積極的な声掛けをしていただくこと等への協力を依頼します。

■押さえるポイントと留意点

まず学級の状態に不信を抱かせてしまったことを謝罪するとともに、学校は保護者と同じく児童が充実した楽しい学校生活を送ることを願って指導にあたっていることに理解を求めたいと考えます。現状の改善のためには、学級担任だけに任せるのではなく、学校全体で課題を共有し対応策を決定すること、学年経営を意識したチームで取り組むこと、学級担任がチームの教員の助言を得ながら授業改善や児童理解に努めることが必要です。また、保護者へのていねいな連絡により、家庭と学校の指導の連携を図っていく必要があります。

ポイントは下記のようになります。

①管理職による日頃からの授業参観により、各学級の状況の把握。
②児童が楽しく取り組める授業への改善と学級活動の充実。
③担任一人に学級を抱えさせず、学年体制・学校体制で児童が前向きに取り組める学校生活の創生。
④保護者との良好なコミュニケーションを基にした協働による学校づくり。

担任不信（仲間外れ）

前神奈川県横浜市立相沢小学校長　野口　みか子

➤ こんな時にはどんな説明・メッセージ？

保護者から「子どもがグループに入れてもらえなかったり、友だちから無視されたりしているらしい。担任に相談しても、子どものことなのでそのうち解決すると言われた」と憤慨した様子の電話がありました。学校としてどのような応答をするべきでしょうか。

■ 説明の具体例

⑴　不信感を与えたこと、子どもに不安を与えたことに謝罪を

学校は子どもたちの健やかな成長を促す場でありながら、不安を与えたまま問題解決がなされていなかったことについて誠実に謝罪します。児童・生徒指導担当者や学年主任もともにチームでこの問題解決にあたること、そのために子どもから話を聞き取ることを伝え、子どもの健やかな成長のために保護者の理解と協力を得られるようお願いします。

⑵　子どもからの聴き取りを担任と他の職員で行う

この件について、子どもと話をして、事実の詳細を確かめるところから仕切り直します。グループ決めをする前から何らかのわだかまりがあったことも想定できます。子どもの話を聞きながら、起きた事実を時系列で把握し、対象の子どもの思いや考えを整理していきます。ですから、何があったかだけでなく、それぞれの出来事が起きた時、どんな気持ちだったのかをていねいに聴きとることが大切です。そしてこの問題をどのように解決していきたいのか、本人の気持ちに寄り添いながら子ども自身がこの問題のゴールをイメージし、指導者と本人、保護者が協力して解決していくことであると互いに理解を深めていきます。

⑶　他の子どもからの聴き取りも担任と他の職員で行う

グループから外すという行為の裏には複数の子どもがこれまでのかか

わりで共通した悪感情を抱えていたり、人間関係の複雑さに関係の子どもが悩んでいたりすることも考えられます。外す行為をしてしまったわけをていねいに聴きとり、「外す」行為では相手に真意が伝わらないばかりか、問題の解決にはならないと気づかせ、望ましい行動は何なのかと考えさせていく必要があります。

子どもたちはこのことは到底望ましい行動とは言えず、相手に嫌な思いをさせると分かっています。自分たちの「嫌だ」という感情をぶつけた行為です。その感情をまずは受け止め、吸収し、清々とした健康的な判断を引き出していくことで、両者の関係回復を助けることが健全育成につながります。頭ごなしに叱ったり、子ども任せにしたりしても問題は解決しません。

⑷　保護者への連絡を担任からその日のうちに

背景を想像すると、１日では解決しないことが考えられます。でも、今日子どもから聴き取ったことや指導したこと、明日以降の指導予定などを指導にあたっているチームで共通理解した後に保護者に担任から連絡を入れましょう。

その際、子どもの気持ちに寄り添ったていねいな指導が重要であることへの率直な気づきを話すことも忘れずにすることで、誠実さも伝わると心しておきましょう。

■押さえるポイントと留意点

まず、不信を抱かせてしまったことを学校として謝罪します。そして、傷ついたお子さんの心に寄り添って児童・生徒指導担当者も加わって指導・支援し、その状況を改めて担任から報告していきます。大切なのは子どもの心身の安全・安心が回復されるようていねいに指導し、元気に帰宅する姿を保護者に見せていくことで信頼を回復することです。

ポイントは下記のようになります。

①不信感を与える指導・対応となっていることを謝罪します。

②子どもの気持ちに寄り添って、チームで支援・指導します。

③指導状況を保護者に報告し、協力を得ながら解決に向かいます。

担任不信（担任の指導）

東京都世田谷区立三軒茶屋小学校長　飯田　泰三

➤ こんな時にはどんな説明・メッセージ？

保護者から「担任の先生の指導が怖くて、学校に行きたくないと子どもが言っている」との相談がありました。学校としてどのような応答をするべきでしょうか。

■ 説明の具体例

子どもが学校に行きたくないと保護者が申し出てきた段階で児童が困っているだけではなく保護者も困った状況にあるととらえましょう。また、申し出た先によっては保護者が誰に不信感を持ち誰を頼りにしているかをくみ取って対応していきましょう。児童と保護者が学校や担任を信頼して安心して登校し学校生活を送れるようになることが、この対応の最終的な目標となります。最終目標に到達するためにも、保護者と学校の協力体制を構築し、保護者の不安を軽減することをめざしましょう。

⑴　校内の情報を集め対応方針を検討する

保護者からの相談情報が入ったら、まず、担任および関係する教職員から児童の状況について情報を集めます。

保護者から相談が入っていることからすみやかに学校から保護者への連絡を行いたいところですが、保護者の訴えに対して学校が何をできるのか打ち合わせをして対応の方針をたてることが大切です。対応方針を定める際には後々教育委員会からの支援が必要になる場合に備えて教育委員会の担当部署に報告しておくとよいでしょう。

⑵　事実を確認して面談しましょう

具体的な話は、連絡帳や電話での返事ではなく実際に保護者と面談でするとよいでしょう。そのためにはまず、連絡帳や電話で「ご連絡いただきありがとうございました。もう少し詳しくお話を伺いたいのでお時間をいただけるとありがたいです」などと連絡を取りましょう。面談の場所として落ち着いた話ができる環境を用意したいところです。対応は保護者側の人数に合わせ、保護者が不安を抱かないよう出席者や人数も配慮しましょう。そのうえで、ていねいに話を聞く姿勢を表現しましょう。

「この度はお忙しいなか、お時間をいただきありがとうございます。担任がお子さんに恐怖感を与えてしまったことはたいへん申し訳ありませんでした。お子さんはどのようなことで怖いと感じていたのでしょうか。担任に確実に改善を指示したいと思いますので、詳しく教えていただけると助かります」。

保護者の話を誠実に聞き、学校の状況把握について説明した後さらに謝罪をするとよいでしょう。

「担任に確認したところ、恐怖感を与える意図は全くなく、子どもの成長を願って真剣に伝えようとしたことが、意図せず威圧感になってしまったということです。申し訳ありませんでした」。

(3)　今後の状況改善のための相談をしましょう

「今回のお話をいただき、学校としても担任を指導して、お子様だけでなくクラス全員が安心して生活できる環境としていきます。今後しばらくは学校としても担任やクラスの様子を確認してご報告させていただこうと思いますが、ご心配やお気づきのことがありましたらいつでもお知らせいただけるとありがたいです」。

■ 押さえるポイントと留意点

①児童の感情を保護者が推し量って代弁しているなど、児童と保護者の気持ちが一致していない場合があります。児童や保護者と事実を確認しつつ、感情に寄り添って対話を進めることが大切です。

②実際には、対応のスピードと対応者の態度が言葉や内容よりも大切かもしれません。学校も保護者も児童が安心して学校に通い成長していくことを望んでいるのですからそれをベースに保護者との信頼関係を維持しつつ対応を継続していきましょう。

担任不信（授業中の怪我）

東京都世田谷区立三軒茶屋小学校長　飯田　泰三

➤ こんな時にはどんな説明・メッセージ？

保護者から「子どもが帰ってきてから足が痛いというので病院を受診したら骨折だった。子どもに聞くと、体育授業中に走り高跳びで痛めたらしい。担任には伝えたようだが何の連絡もなかった」との電話連絡が入りました。学校はどのような応答をするべきでしょうか。

■ 説明の具体例

学校での怪我の責任は学校にあります。怪我をさせてしまったことは学校として謝罪しましょう。そのうえで、子どもの痛みに寄り添って子どもを支えていくことと、今後の連絡体制、怪我防止についての学校の体制を説明し、理解を得るようにしましょう。

(1)　怪我の見舞いと謝罪

学校事故で骨折の可能性があった場合は、どの学校でも保護者に連絡し、病院受診につなげていることと思います。本ケースでは、担任や養護教諭などが骨折の可能性がないと判断していたと考えられます。まず、怪我をさせてしまったこと、連絡をしなかったことは判断ミスであり、児童や保護者に対して謝罪をしましょう。そして、現在の児童の様子、生活上の不便、これからの不安などについて保護者の話をていねいに聞きましょう。

「この度は、怪我をさせてしまいたいへん申し訳ありませんでした。○○さんが『痛い』と話してくれた際には我慢していたことに気づけず、ご連絡差し上げなかったことも申し訳ありませんでした。○○さんの辛さを思うと本当に申し訳ありませんでした」。

(2)　今後の支援と家庭との協力について

しっかりと学校側の反省を伝え、謝罪した後は、これからの生活や学習の支援についての相談になります。学校がいくら支援をしても、生活上の不便は大きなものになりますので、お見舞いの言葉を添えることも忘れないようにしたいです。

「今はまだ痛みがひどいのでしょうか。生活にさまざまな不便があると思います。早くもとのように元気に動けるようになることを願っていますが、無理をさせてかえって時間がかかってもいけませんのでどうぞ無理をなさらないようにしてください。担任も学校もできるだけの支援をさせていただきます。学校としてできることがありましたらお話しいただけるとありがたいです。学習については、オンラインで授業参加もできますし、学習プリントなどはご家庭にお届けしますので、無理のない範囲で取り組んでください」。

具体的な支援は保護者と児童と相談で行っていくことになります。また、授業中の怪我については、まず起きないように活動内容と環境を整備していくことを伝えたいです。

「〇〇さんの支援については職員全員に伝えさせていただき、〇〇さんが困らないようにしていきたいと思います。また、同様の怪我防止や、連絡不足がないよう職員を指導していきます。クラスの友だちが心配していますので、子どもたちにも話したいと思いますがよろしいでしょうか」。

最後に、学校としての謝罪とともに、学校教育活動での怪我の治療費を賄う保険について案内しましょう。

■押さえるポイントと留意点

①学校の対応ミスは児童が尊重されていないとの疑念につながってしまいます。この疑念を払しょくするために、なぜ、対応のミスがあったのか誠実に説明するなどの対応が必要です。

②連絡がなかったことで保護者が軽んじられていると感じている場合はとくに保護者の訴えをていねいに聞くことが大切です。

③体育の授業中の事故については、安全な環境であったか、児童に無理のない内容であったかを校内で検証し、保護者に報告し、指導計画改善や環境改善を進めることを約束したいです。

通知表の成績

東京都世田谷区立三軒茶屋小学校長　飯田　泰三

➤ こんな時にはどんな説明・メッセージ？

保護者から通知表の成績に対して苦情の電話が入りました。学校はどのような応答をするべきでしょうか。

■ 説明の具体例

対応はできるだけ対面で行いましょう。

(1)　保護者の訴えに耳を傾ける

「この度はご連絡いただきありがとうございました。詳しくお伺いできればありがたいです。つきましてはたいへん申し訳ありませんが、ご都合のよい時間をお知らせいただき、管理職とともにお話を伺いたいのですが、いかがでしょうか」。

(2)　事実確認をしましょう

面談では、通知表の記述や評定をその根拠に照らして、適切になされたのか確認することを約束しましょう。

「お話しいただきありがとうございました。通知表にかかわった職員から聞き取りをいたしまして、改めてお返事させていただくことでよろしいでしょうか」。

(3)　通知表の評定などについて保護者にていねいに回答しましょう

評定等に間違いがあった場合には、誠実に謝罪し、新たに正しいものを作成して渡しましょう。

「この度の通知表について、校内で記録等を確認しましたところ、ミスが見つかりました。たいへん申し訳ありませんでした。また、今回お申し出いただきましたことで再確認させていただくことができました。ありがとうございました。お子様の通知表につきましては新たに作成いたしましたので、差し替えさせていただきますようお願いいたします。校内の記録についてもすべて訂正いたしましたのでどうぞご了承ください」。

(4)　通知表作成での学校の願いを伝えましょう

「通知表はお子さんの成長の姿からこれからの励みとするためにお渡ししています。今後は、励みにしていただけるような内容や表現にしてまいります。たいへん申し訳ありませんでした」。

(5)　公平性と透明性の説明をしましょう

「今回の通知表の作成に当たっては、各学級の担任が中心となり、学年の他の担任や、専科教員、委員会活動やクラブ活動などの担当教員がかかわっております。記載については、学習指導要領の目標に照らして、授業中の発言や活動への取り組みなどを観察しております。学習した内容がどの程度定着しているかを確認するテストも行っております。これらを総合して記述や評定をしております。担任がまとめたものを最終的に校長が確認するというプロセスを取っております。記述については、できるだけ簡潔にわかりやすくするよう努めておりますが、十分でなかったこと申し訳ありませんでした。今後も、内容についてご不明な点がございましたら、ご遠慮なくお問い合わせいただきますようお願いいたします」。

(6)　今後について相談しましょう

「お子様のよさを学校ではさらに伸ばしてまいりたいと考えておりますが、とくに伸ばしていきたい点などありましたら、お話しいただけるとありがたいのですが、いかがでしょうか」。

押さえるポイントと留意点

①保護者が不満を表明するのにはそれだけの理由があると想像しましょう。
②言葉だけで解決しようとせず、感情を理解して対応しましょう。
③保護者との対立で辛い思いをするのは子どもです。対話を基に協力関係を築くことが大切です。

運動会の種目に関するクレーム

筑陽学園中学校教頭／元福岡県大野城市立大利中学校長　堀田　徹

➤ こんな時にはどんな説明・メッセージ？

保護者から「運動会で組体操を行うようだが、組体操は禁止している自治体もあると聞く。組体操はやめるべきではないか」との電話が入りました。学校としてどのような応答をするべきでしょうか。

■ 説明の具体例

⑴　危険性を精査し安全を最優先した演技であることについて

難易度や巨大さを求める、これまでの組体操の危険性を調査・研究・精査し、生徒一人ひとりの運動能力や特性等に十分に配慮を行い、安全を最優先した演技を実施いたします。具体的には、最上級学年での実施を念頭に、これまで２年間、体育の授業の「体つくり運動」にバランス感覚や体を固定する力と感覚を養う運動を取り入れ、簡単な組み立てや低い段数などから段階的に練習を積みあげ、体力テスト等の結果も踏まえて段数や高さ等を見直し、安全に実施できる演技をつくりあげてきました。したがって、これまでのピラミッドやタワーのように高く積みあげる大技よりも、横への大きな広がりや統制のとれた機敏な動きを重視した組体操とし、生徒が自分たちで創作したダンスや集団演技のなかに盛り込み、音楽に合わせて楽しく笑顔で演技する新しいかたちの組体操の発表といたします。

⑵　目的や教育的価値について

目的は次のとおりです。一つは、集団で力を合わせ、創意工夫を凝らし、一つのものを創りあげる喜びや達成感を味わい団結力や連帯感を養うこと。二つは、体力向上の一環として取り組み、筋力、バランスを調整する技能や感覚、相手のことを考え仲間と協調する動きなど、他の運動やスポーツにも活かされる動きや感覚を養うこと。三つは、常に安全に配慮し、積極的に運動やスポーツの魅力や楽しさを味わい親しむ態度を育てること。以上、学校の教育目標の達成に繋がる教育的価値の高い教育活動として位置付けています。

⑶　学校の指導体制と保護者・地域からの支援について

担当学年や体育科教師に限らず全教職員で過去に起きた組体操の怪我や事故から調査・研究を行い、組体操の特性や危険性を確認しました。そのうえで目的や教育的価値を確認し、演技内容を精査して具体的な指導のあり方を研修し、生徒の運動能力等に配慮しながら計画的・段階的な練習計画を立て、常に危機管理意識を持って指導を重ねてきました。また、学校運営協議会でも学校の取り組み等を説明し、協議のうえ、保護者・地域の理解・支援のもと実施いたします。

■押さえるポイントと留意点

組体操の実施にあたっては、学校の全教職員で、慎重で十分な協議が不可欠だと考えます。目的や教育的価値を明確にし、全教職員が危機管理意識を持ち、生徒の運動能力等への配慮を行い、組体操を意識した安全教育の積みあげが必要です。

このことを前提に説明の具体例を示しましたが、過去に何もなかったからこれからも大丈夫だろうではなく、「危険性を感じたらいったん中断して再考すべき」との事故の被害者家族の切実な思いを念頭に、危険性を十分に精査し、新たなかたちの組体操の発表を検討することも必要と考えます。

ポイントは下記のようになります。

①危険性を精査し安全を最優先していることを具体的な演技内容や指導方法を示しながら真摯にていねいに説明すること。

②目的を明示し、学校の教育目標の達成に繋がる教育的価値の高い教育活動であることを説明すること。

③全教職員が目的を共有し危機管理意識を持って指導を重ね、学校運営協議会を通して保護者・地域の理解・支援を得ていること。

公園の騒音

筑陽学園中学校教頭／元福岡県大野城市立大利中学校長　堀田　徹

▶ こんな時にはどんな説明・メッセージ？

地域の方から「子どもが公園で騒いでいる。どうにかしてくれ」との電話での苦情が学校に入ってきました。学校としてどのような応答をするべきでしょうか。

■説明の具体例

(1)　訴えの把握と学校の初動対応について

電話を替わりました。生徒指導部の○○と申します。状況を詳しくお聞かせください。たいへんご心労をおかけして申し訳ございません。ただちに現場に向かいますので、よろしければ、一緒に立ち会っていただき、直接お話をお聞かせください。状況を確認して、その場で子どもたちを集め指導いたします。

(2)　今後の学校の指導や対応について

まず、明日、公園近隣に住む子どもたちを再度集め指導します。公園での子どもたちの現状を確認したうえで、公園近隣の住民の思いや願いを伝え、公園での過ごし方を考えさせ、公園利用のルールやマナーについて具体的に指導し、保護者にも協力をお願いします。その後、全校テレビ放送で全校生徒に対しても、公園での子どもたちの過ごし方に対する地域住民からの訴えを伝え、公園利用のあり方について指導します。また、全学年、道徳の時間に、公園利用に対する住民の思いや願いをもとに、地域の一員としての自分たちのあり方について考える授業を実施します。さらに、不定期に、放課後、教職員が手分けして公園等の巡回指導にあたります。

(3)　学校の相談窓口および地域や関係機関等との連携について

今後、生徒指導部の○○が、学校への相談の窓口となります。お困りのことがありましたらご連絡ください。また、子どもたちがご迷惑をおかけしないように、継続して繰り返し指導してまいりますが、学校だけでなく、地域・保護者・行政・関係機関等が連携して地域ぐるみで子どもの成長を見守っていくことがきわめて重要と考えています。学校からも関係機関等に積極的に働きかけてまいりますので、どうぞご理解・ご協力をよろしくお願いします。

押さえるポイントと留意点

公園で子どもが遊ぶ声がうるさいといった近隣住民からの苦情は、昨今、社会問題となり、公園の存続が危ぶまれる事態になっているケースもあります。また、行政の迅速な対応が期待できず、どこにも訴えようがなく、学校への苦情となっていることも推察されます。そこで、まずは、訴えている者の心情をくみとり、傾聴・共感に努めながら状況をていねいに聴取するとともに、ただちに現場に足を運び、訴えている者と直接対面して現場の状況を確認し、その場で子どもたちを指導するなど、学校の真摯で迅速な初動を示すことが大切と考えます。そのうえで落ち着いて話せる状態で、今後の学校の指導や対応を具体的に説明したいところです。さらに、学校だけでなく行政・地域・関係機関等との連携が重要なことを伝え、できれば時間がかかっても、クレーマーではなく学校への理解者としての関係を築きたいものです。日頃から、クレーム等への対応について職員研修を徹底しておくことは言うまでもなく、初動を誤らず連絡・相談・報告を迅速に行い、組織的・重層的に一貫した対応を徹底することが重要と考えます。

ポイントは下記のようになります。

①傾聴・共感に努めながら、訴えの内容をていねいに聴取し、学校の迅速な初動対応を示すこと。

②訴えに対して、学校として真摯に受けとめる姿勢を示し、学校全体で組織的に指導や対応を行うことを説明すること。

③学校だけでなく、地域や関係機関等と連携した指導がきわめて重要であることを伝え、理解・協力を促すこと。

下校中の苦情

筑陽学園中学校教頭／元福岡県大野城市立大利中学校長　堀田　徹

➤ こんな時にはどんな説明・メッセージ？

地域の方から「下校中、大声を出したり、道路をはみ出してふざけて歩いたりしている子をしっかり指導してほしい」との電話での苦情が入ってきました。学校はどのような応答をするべきでしょうか。

説明の具体例

⑴　訴えに対する指導と対応について

学校の指導が行き届かず、ご迷惑をおかけし不快な思いをさせまして申し訳ありません。よろしければ、迷惑をおかけした場所、時間、該当生徒の特徴と状況をお聞かせください。該当生徒を特定して厳重に注意し、該当場所を通学経路にしている生徒にも指導します。全校生徒にも、全校集会を開き、地域の方から厳しいご指摘をただいたこと伝え、生徒の登下校中のマナーや迷惑行為などに対する注意喚起を行い、再度、登下校中のマナーや交通安全ルールについて指導を徹底します。また、当面の間、教職員が現場に立って重点的に指導にあたります。

⑵　日常的な学校の登下校指導について

これまでも、日頃から学級担任が、車の通行が多い道路や見通しが悪く危険な道路、雨天時等における安全な通行・登下校時のマナー等について学級指導を行ってきています。また、登下校時に、ピンポイントで学校の教職員が立って校外指導をしたり、通学路を巡回して安全指導をしたりしてきています。

⑶　地域や関係機関等との連携について

地域や保護者にもご協力をいただき、地域の「見守り隊」の皆様に、登下校時の見守り指導や自治会「青パト」で巡回見守りをしていただいています。また、警察の交通課に依頼して、自転車安全指導講習会も実施しています。さらに、学校と地域が連携して行政と警察に働きかけ、学校周辺の安全な道路整備や交通整理、巡回をお願いしているところです。したがって、学校でも指導を強化してまいりますが、車での通行等に関して要望や苦情等がありましたら、学校だけでなく警察にも積極的にご相談されますようお願いします。

■押さえるポイントと留意点

児童・生徒の登下校時の通行マナーや迷惑行為等に対する学校への苦情は、どの学校でも少なからず寄せられ、教職員がいつでも校外指導ができるわけもなく、対応に苦慮されていることと思います。

また、校区の住民や保護者であれば、学校の指導だけでなく、地域や保護者と連携した指導や見守り等、理解・協力をお願いすることもできますが、通勤や仕事で気忙しく車で通りかかり、危険で迷惑な登下校の様子を繰り返し目にすると、学校はどんな指導をしているのかと、怒り心頭で携帯電話から匿名の苦情となり、対面して直接、話を聞くことがむずかしいことも多々あるのではないでしょうか。

そこで、まずは、相手の感情をなだめ、指導が行き届いていなかったことを謝罪し、反論したくなる気持ちを抑えてていねいに対応したいものです。そのうえで、訴えに対する指導と対応、日常の学校の指導、関係機関等との連携について具体的に説明するとともに、学校だけでなく警察への積極的な相談を促すことも必要と考えます。

ポイントは下記のようになります。

①指導が十分ではなかったことを謝罪し、できるだけ相手の感情をなだめ、スピード感のある指導と目に見える対応を示すこと。

②学級担任の安全指導や教職員の通学路での登下校指導等、これまでも日常的に継続して取り組んできていることを伝えること。

③関係機関等とも連携した指導について説明したうえで、学校だけではなく、同時に警察への積極的な相談も促すこと。

ピンポンダッシュ

京都府京都市立御所南小学校長　鈴木　登美代

➤ こんな時にはどんな説明・メッセージ？

地域の方から「他人の家のインターホンを押して逃げている子がいる。学校で指導をしてほしい」との電話が入りました。学校としてどのような応答をするべきでしょうか。

説明の具体例

(1)　地域の方への対応について

まずは電話で迷惑をかけていることに対する謝罪をします。その次に、当該児童への指導と学校全体でも共有して迷惑行為についての指導を行っていきたいので、具体的なことを教えてほしいことを伝えます。

○いつごろから、何回ぐらい、何時ごろに行われているのか
○何年生ぐらいで、数人で行っているのか

できるだけ今日中に聞き取りを進め、わかり次第また連絡することを伝えて電話を切ります。

(2)　学校全体で聞き取る

電話を切った後、学年主任を集め、電話での聞き取りの内容を伝えます。たとえば聞き取りのなかで、低学年の児童であったことや、行われている時間帯などから当該学年を考え、ピンポンダッシュを行っている家の方向に帰る児童をしぼっていきます。また学級でピンポンダッシュをしている子を見たことがないかを聞き取ります。

①当該児童が分かった場合

なぜピンポンダッシュをしたのか、一人でやっていたのか、周りに友だちはいなかったのかなどを聞きます。次にインターホンはなぜあるのかを考えさせ、自分の行為を振り返らせます。インターホンの意味を考えたうえで、自分の今回の行為はどうだったのかを振り返らせます。そ

の後、自分が押した家の人に対してどうすべきかを考えさせ、家に帰ったら自分の口で家の人に今日の話をするように言います。児童が家に帰る前に担任から家の人へは事情を説明し、家でも二度と同じことをしないことを話してほしいことを伝えます。

②当該児童が分からなかった場合

学校全体でピンポンダッシュをして、地域の方が困っていることを伝えます。そのうえで、人に迷惑をかける行為について学級で話し合います。

(3)　その後の指導について

まず、電話をいただいた地域の方に現段階で分かっている事実を報告します。当該児童が分かった場合は、今回の件について保護者にも連絡をしたことを伝えます。また今後学校全体でも、迷惑行為について指導を共有していくことを伝えます。

学校側は、道徳の時間などを活用して「約束やきまり」などの社会のルールについて学校全体で共有していきます。

■押さえるポイントと留意点

まずは通報があった時点で、できるだけ迅速に事実の確認をすることが大切です。

そのためには、以下のことがポイントになります。

①地域の方への謝罪と聞き取り、今後の説明

地域の方が電話をしてくるのは、非常に困って電話をかけてきている場合が多いです。そのため、できるだけその日のうちに、学校としてどのように対応をするのかを伝えることです。

②当該児童（学年）のわりだし

当該児童が見つかった時点で、よく聞き取りをすることが大切です。一人でこの行為をすることは少ないと考えられるので、一緒にいた友だちについても聞き取ることが大切です。

③学校全体での共通指導

個人の問題としてとらえるのではなく、学校全体として共有し、指導をすることが大切です。

放課後のトラブル

京都府京都市立御所南小学校長　鈴木　登美代

➤ こんな時にはどんな説明・メッセージ？

地域の方から「公園で子ども同士がトラブルになっている。何とかしてほしい」との通報がありました。学校としてはどのような応答をするべきでしょうか。

説明の具体例

(1)　地域の方への対応について

まずは迅速に対応ができるように、電話のなかで分かる情報をいただくことが大切です。

「連絡をいただきありがとうございます。今から学校の者が公園に行かせていただきます。申し訳ないのですが、少し教えていただきたいことが２点あります。１点目は、怪我をしていないでしょうか？２点目は、だいたい何年生ぐらいでしょうか？分かる範囲で教えていただけますか？」と確認をします。怪我をしている場合は、養護教諭も一緒に行ってもらいます。学年によっては、担任が一緒に行くほうがいいでしょう。

(2)　当該児童への対応について

通報をもらった時点で、教頭と生徒指導主任、担任で現地の公園に行き、事実確認をします。次に、公園でのトラブルで怪我をしていないか確かめたのち、担任は当該児童同士の話を聞き、生徒指導主任は周りにいる児童に何が起きたのかを事情を聞きます。

もし公園に通報をされた方がいた場合は、教頭が通報のお礼と学校がこの後、対応をする旨を伝えます。

そのあと学校に当該児童同士を連れて帰ります。ただし、時間帯やトラブルになっている児童が同じ学校なのかどうか、またクラブチームや塾の帰り道などの場合によって対応が少しずつ異なりますが、まずは学校でトラブルになった原因を担任も含めて聞き取ります。

(3)　その後の対応について

怪我をしている場合は、応急処置をしたのち聞き取りをするようにします。トラブルになっている児童同士の個別の聞き取りと、周りにいた児童への聞き取りの相違を確かめながら対応をします。保護者への連絡は、現時点で分かっている事実とお互いが謝罪をしたことや、地域の方も心配をされていたことなどを伝えます。

電話をいただいた地域の方へは、連絡をいただいたお礼と今後も子どものことについて見守っていただけるとありがたいことを伝えます。

押さえるポイントと留意点

まず地域の方には、児童同士のトラブルに対して心配になって学校に電話をしていただいたことや、地域の方が子どもをしっかり見守っていただいていることに対する感謝を伝えます。また学校で聞き取りをしたことやお互いに冷静になり、その後話し合いをしたことなどを伝えます。今後も引き続いて、子どもを見守っていただきたいことを伝え電話を切ります。ただし、トラブルの大きさや時間帯などによっては、頻繁に起こっていて迷惑をしている場合もあります。その時は、地域の方の思いをていねいに聴きとる必要があります。

ポイントは下記のようになります。

①地域の方は心配をして電話をかけています。そのため、心配をかけたことや連絡をしていただいたことに対する感謝を伝えることが大切です。

②場合によっては、頻繁に起こっている可能性もあります。今回のトラブルについての解決を伝えたのち、地域の方が伝えたいことがある場合はていねいに聴きとるようにします。

虐待の連絡

京都府京都市立御所南小学校長　鈴木　登美代

➤ こんな時にはどんな説明・メッセージ？

地域の方から「近所の子が毎晩泣き叫び、親の怒鳴り声が聞こえる。虐待ではないのか」と心配する電話が入りました。学校としてどのような応答をするべきでしょうか。

■説明の具体例

(1)　地域への対応について

まずは連絡をいただいたことに対するお礼を言います。次に、今後も泣き叫ぶ声や子どもが外に出されているなどの状況があれば、学校に連絡をいただきたいことをお願いします。学校も関係機関に連絡をとって対応を考えていきたいことを伝えます。

(2)　当該児童について

毎晩子どもが泣き叫ぶことや親の怒鳴り声が聞こえる状況から、最悪の事態を考えて慎重に対応をすることが大切です。教育委員会にも連絡をとり相談をしながら進めていきます。そして、当該児童が児童相談所で今までに虐待案件にあがっていたのか確かめます。もし名前のあがっている児童であれば、児童相談所にすぐに連絡を取ります。次に、当該児童が不安に思わないように体のあざや傷などがないか観察します。たとえば、体育の時間の着替えの時に担任が目視したり、身体測定を再度行いたいと声をかけて保健室で養護教諭が観察したりします。その際にあざや傷があった場合は児童相談所と連携をとって行動をします。虐待案件にあがっていない児童であったり、体にとくに目立った傷などがなかったりした場合は次のような対応をとっていきます。

担任が当該児童と話をしながら家での様子を聞き取ります。最近がんばっていることをほめたり、楽しいことは何かを聞いたりしながら何気ない会話から、家に帰ったらまず何をしているのかを聞きます。そして最近おうちの人から怒られたことはないか聞き、「とくにない」と言った場合はそのまま聞き流します。「怒られた」と言った場合は、何があったのか、どうして怒られたのかなどの事情を聴きます。内容によっては、関係機関とも連絡を取りながら対応を考えていきます。当該児童の家庭状況によっても対応が異なりますが、親も疲れている場合が多く、子育てに悩みを抱えている場合もあります。その時は、担任や管理職から親に電話をして、話を聞きながらスクールカウンセリングや子育て相談などの関係機関があることを伝え、一人で悩まないように伝えます。

⑶　その後の対応

電話をいただいた地域の方には、その日の間に再度連絡を取ります。学校での子どもの様子は変わったことはなく過ごしていることや、怪我などがないかを確かめたことも伝えます。また引き続き様子を見ていきたいことや、教育委員会にも報告をして観察していくことを伝えます。また、できれば2、3日後にも連絡をとりながら、その後の家の状況を聞きながら対応を進めていきます。

■押さえるポイントと留意点

地域からの通報で、学校側がすぐに保護者に対して行動をとるのは避けたほうがいいです。保護者も構えるだけでなく、地域の方にも迷惑をかける場合があります。まずは、学校に来た子どもの様子をしっかり見取りながら、場合によっては早い段階で児童相談所に連絡をします。また、保護者の困りについても学校側は把握し、対応をすることがいいでしょう。

地域の方とは、１週間ほど連絡を取り合いながら情報をいただくことがよいと考えます。

ポイントは下記のようになります。

①連絡についてお礼を伝え、今後も連絡を取り合いたい旨を伝えます。

②心配をされている児童の様子や学校の今後の対応を伝え、安心してもらうことが大切です。

執筆者一覧

〔編集〕

木間　東平　全国学校安全教育研究会顧問／東京都葛飾区立柴又小学校長

〔執筆〕執筆順

木間　東平　全国学校安全教育研究会顧問／東京都葛飾区立柴又小学校長
伊藤　　進　東京都葛飾区立花の木小学校長
角田　成隆　東京都足立区立足立小学校長
大澤　正則　元埼玉県公立小学校長
濱脇　哲也　前東京都東大和市立第一小学校長
佐々木克二　東京都世田谷区立東深沢小学校長
高汐　康浩　東京都府中市立府中第八中学校長
原田　英徳　東京都葛飾区立西小菅小学校長
中山大嘉俊　武庫川女子大学特任教授／元大阪府公立小学校長
永原　哲也　大阪府大阪市立大開小学校長
小俣　弘子　東京都調布市立富士見台小学校長
松本　麻巳　東京都北区立堀船小学校長
今井　　功　千葉県千葉市立さつきが丘中学校長
清水　弘美　前東京都八王子市立浅川小学校長
新村　紀昭　東京都練馬区立大泉中学校長
田中　　稔　東京都杉並区立高円寺学園長
中島　晴美　埼玉県上尾市立平方北小学校長
井上　光広　東京都大田区立矢口小学校長
多勢　弘子　山形県天童市立千布小学校長
野口みか子　前神奈川県横浜市立相沢小学校長
笛木　啓介　東京都大田区立大森第三中学校長
飯田　泰三　東京都世田谷区立三軒茶屋小学校長
堀田　　徹　筑陽学園中学校教頭／元福岡県大野城市立大利中学校長
鈴木登美代　京都府京都市立御所南小学校長

危機発生時！学校からの説明は？
しっかり伝わるメッセージ文例70

2024年2月1日　第1刷発行

編集――――――――木間東平
発行者―――――――福山孝弘
発行所―――――――㈱教育開発研究所
〒113-0033　東京都文京区本郷2-15-13
TEL　03-3815-7041（代）FAX　03-3816-2488
https://www.kyouiku-kaihatu.co.jp
E-mail=sales@kyouiku-kaihatu.co.jp
装幀――――――――長沼直子
本文デザイン――――shi to fu design
印刷所―――――――中央精版印刷株式会社
編集人―――――――山本政男

ISBN978-4-86560-585-3　C3037
落丁・乱丁本はお取り替えいたします。
定価はカバーに表示してあります。